Omas Gesundheitstipps

area

Omas Gesundheitstipps

Autorin: Petra Knorr für NOVA Libra medien, Köln
Einbandgestaltung: Derek Gotzen für NOVA Libra medien, Köln
Layout & Satz: Derek Gotzen und Peter Mebus für NOVA Libra medien, Köln

Druck und Bindung: Reálszisztéma, Dabas

Gesamtherstellung: area verlag gmbh, Erftstadt

Printed in Hungary 2007

ISBN-13 978-3-89996-177-5
ISBN-10 3-89996-177-3

www.area-verlag.de

Inhalt

Einleitung

Zu Omas Jugendzeit gab es zwar Ärzte und Krankenhäuser, doch dort wurde erst um Rat gefragt, nachdem die probaten Hausmittel, die in der Familie von Mutter zur Tochter weitergegeben wurden, nicht den gewünschten Erfolg brachten. Man kannte sich aus in Kräuterkunde, wusste den richtigen Tee oder Sud zu kochen und bereitete kalte oder warme Umschläge, die dem Kranken Linderung verschafften.

Dieses Wissen soll und darf nicht in Vergessenheit geraten, und darum ist in diesem Büchlein Omas Wissensschatz von A wie Abszesse bis Z wie Zahnschmerzen zusammengetragen. Denn obwohl es in schweren Fällen den Arztbesuch keineswegs überflüssig macht, benötigen die meisten kleinen Alltagszipperlein nicht gleich ein schweres Geschütz aus der Apotheke, sondern oft helfen bereits »Omas Gesundheitstipps«.

A

Abszesse, Furunkel und Geschwüre

Bei o. g. Hauterkrankungen ist größte Hygiene das A und O. Wenn nach den von Omas vorgeschlagenen Anwendungen keine Besserung eintritt, muss man zur Weiterbehandlung einen Hautarzt aufsuchen.

Schwarzkümmelöltinktur

1 El Schwarzkümmelöl und etwa 40 Tropfen Teebaumöl gut miteinander vermischen. Mit dieser Tinktur die befallene Hautstelle mehrmals täglich betupfen.

Bockshornkleeumschlag

1 El gemahlenen Bockshornklee mit wenig warmem, abgekochtem Wasser zu einer dicken Paste vermischen. Auf ein Stück Mulltuch streichen und auf die befallene Hautstelle auflegen. Etwa 20 Minuten einwirken lassen. Diesen Brei mehrmals täglich frisch zubereiten und die Anwendung wiederholen. Auch wenn sich der Eiterherd geöffnet hat, sollte die Behandlung noch einige Tage fortgeführt werden.

Kohlblätterumschlag

4 innere Weißkohlblätter fein hacken. Mit 2 El Sahne vermischen, auf ein Stück Gazetuch geben und auf die befallene Hautstelle legen. Mit einer Mullbinde fixieren und etwa 1 Stunde wirken lassen. Dreimal täglich sollte diese Prozedur mit frischen Umschlägen wiederholt werden.

Holunderumschlag

Eine große Hand voll Holunderblätter klein schneiden und mit 2 El Essig im Mörser zu einer cremigen Paste verrühren. Die Paste im Wasserbad erhitzen und auf die befallene Hautpartie streichen. Mit heiß-feuchtem Tuch abdecken und ein Frotteetuch darüber legen. Den Umschlag stündlich erneuern.

Der gute Rat

Der Kohl sollte aus dem Bioladen sein und die Holunderblätter nicht von einem Strauch am Straßenrand pflücken.

Abwehrkräfte

Im Winter heißt es, den Erkältungen vorbeugen. Denn Husten, Schnupfen und Halsweh müssen nicht sein. Omas Gesundheitstees und Ansätze haben uns immer vor dem Ärgsten geschützt. Damit sie uns Kindern auch besonders gut schmeckten, hat Oma alle mit Honig und Zitronensaft aromatisiert. Hier ihre bewährten Rezepte.

Eibischtee

1 Tl Eibischwurzeln mit 500 ml kaltem Wasser übergießen und abgedeckt etwa 2 Stunden ziehen lassen. Über den Tag verteilt können bis zu 5 Tassen getrunken werden.

Holunderblütentee

2 Tl getrocknete Holunderblüten mit 500 ml Wasser (1 große Tasse) übergießen, aufkochen, vom Herd ziehen und anschließend etwa 5 Minuten ziehen lassen. Den Tee abseihen und warm – nicht heiß – trinken. Den Vorgang dreimal täglich wiederholen, so bringt der Tee die körpereigenen Abwehrkräfte wieder in Schwung.

Lindenblütentee

Dreimal täglich 1 gut gehäuften El Lindenblüten mit 500 ml kochendem Wasser (1 Tasse) überbrühen. Abgedeckt 5 Minuten ziehen lassen, durch ein Sieb abseihen und warm trinken.

Vier-Kräuter-Tee

20 g Hagebutten (ohne Kerne), 40 g Himbeerblätter, 20 g Holunderblüten und 20 g Melissenblätter mischen. 3 El der Mischung mit 1 l siedendem Wasser übergießen und etwa 5 Minuten abgedeckt ziehen lassen. Anschließend abseihen und mit Honig süßen. Über den Tag verteilt bis zu 5 Tassen trinken.

Schachtelhalmtee

2 Tl Schachtelhalmkraut mit 500 ml kochendem Wasser überbrühen und 30 Minuten ziehen lassen. Abseihen und täglich 3 Tassen davon trinken.

Saftkur

3 Apfelsinen und 1 Zitrone auspressen und mit 1 Tl Traubenzucker vermischen. Diesen Trunk jeden Morgen in kleinen Schlucken langsam trinken. Es ist wichtig, die Schlucke einige Zeit im Mund zu behalten, damit sie sich mit dem Speichel vermischen können. Nur so wirken die Vitamine wie ein Abwehrschild.

Der gute Rat

Hat die Erkältung einen schon erwischt, werden diese Tees so heiß wie möglich getrunken. Danach warm eingepackt ins Bett legen und tüchtig schwitzen. Auch wenn die Erkältung schon abgeklungen ist, sollten die Tees noch einige Zeit getrunken werden. Sie helfen und unterstützen den schnellen Aufbau der Abwehrkräfte.

Akne, Mitesser und Pickel

Als wir Kinder in die Pubertät kamen, hatten wir wie die meisten anderen Jugendlichen Hautunreinheiten und Pickel. Aber Oma hatte natürlich auch dagegen einige bewährte Hausmittel, die unsere kleinen Probleme linderten.

Kornblumenmaske

1 gut gehäuften El getrocknete Kornblumenblüten mit 1 Tasse kochendem Wasser (250 ml) überbrühen. Auf 36 °C abkühlen lassen (Hauttemperatur) und mit so viel weißem Ton oder Heilerde auffüllen, bis ein streichfähiger Brei entsteht. Mit einem Spatel die Masse etwa 1 mm dick auf die Haut streichen und bis zu 15 Minuten trocknen lassen. Mit lauwarmem Wasser und einem weichen Tuch abwaschen. Die Haut anschließend mit einer glycerinhaltigen Creme einreiben.

Heilerdemaske

Die Heilerde mit Wasser zu einer dicken Paste vermischen. Etwa 2 mm dick auf die Haut auftragen. 30 Minuten einwirken und trocknen lassen. Mit lauwarmem Wasser und einem weichen Tuch abwaschen. Danach wie gewohnt pflegen.

Stiefmütterchentee

2 Tl Stiefmütterchenkraut in einer großen Tasse mit heißem Wasser übergießen. Nach 10 Minuten abseihen. Einige Mullkompressen mit dem Sud tränken und auf die befallenen Hautpartien legen. Bis zu 15 Minuten einwirken lassen. Diesen Vorgang dreimal täglich wiederholen.

Mandel-/Lavendelöl-Tinktur

2 El Mandelöl mit 6 Tropfen Lavendelöl gut vermischen. Mit einem Wattestäbchen zweimal täglich die Aknepusteln damit betupfen.

Knoblauch-Honig-Mischung

Manchmal reicht es, beginnende kleine Hautunreinheiten am Abend nach der Reinigung mit einer Paste aus frischem Knoblauch und Honig zu betupfen. Die antiseptischen Stoffe des Allizins wirken direkt auf die Entzündungsherde an den Talgdrüsen, und der milde Honig beruhigt die Haut. 1 Knoblauchzehe zerdrücken und mit ½ Tl Honig vermischen. Die Paste mit einem kleinen Spatel auf die Haut auftragen und nach 15 Minuten mit warmem Wasser abwaschen.

Der gute Rat

Zur Heilunterstützung sollte auf fettes Essen, Süßspeisen, Rauchen und Alkohol verzichtet werden. Ideal sind fettarmes Fleisch, Magerquark, Vollkornbrot, Gemüse, Obst, Obstsaft und Rohkost. Zudem sollte möglichst viel Wasser getrunken werden.

Arm- und Beinwickel

Probate Mittel gegen Fieber und Halsentzündung sind kalte, feuchte Wickel. Zum Abschluss hat Oma immer noch einen Wollschal um den Hals oder eine Wolldecke um die Beine gewickelt.

Hinweis:

Man spricht von Fieber, wenn die Körpertemperatur deutlich über 38 °C liegt, die erkrankte Person schwitzt und Schüttelfrost sowie gerötete Gesichtshaut hinzukommen.

Kalte Armwickel bei Fieber

Ein feuchtes, kaltes Handtuch um den ausgestreckten Arm wickeln. Darüber ein trockenes Frotteehandtuch wickeln und zum Schluss mit einem Wolltuch oder Schal einpacken. Etwa 30 Minuten am Arm lassen, danach erneuern. Nicht öfter als zweimal hintereinander wickeln.

Kalte Beinwickel bei Fieber

Beinwickel werden nur vom Knöchel bis zum Knie gelegt, ansonsten muss wie beim Armwickel verfahren werden. Wenn die Beine umwickelt sind, sollte der gesamte Körper gut zugedeckt werden und der Patient ruhig liegen. Beinwickel sind sehr anstrengend, daher sollte nicht öfter als zweimal hintereinander gewickelt werden.

Kalte Halswickel bei Hals- und Rachenentzündung

Ein Baumwoll- oder Leinentuch zum Halstuch falten, in kaltes Wasser tauchen. Leicht ausdrücken und locker um den Hals legen. Darüber werden ein Frotteehandtuch und ein Wollschal gebunden. Nach 20 Minuten den Wickel entfernen. Zweimal täglich, morgens und abends, anwenden.

Der gute Rat

Vor und nach den Wickeln Fieber messen. Wenn nach den Beinwickeln die Temperatur nicht gesunken ist, sollte schnellstens ein Arzt konsultiert werden.

Augenpflege

Schlechtes Licht, viel Computerarbeit, trockene Heizungsluft oder Zugluft lassen Augen schmerzen und müde Augen tränen. Damit daraus keine Bindehautentzündung oder Schlimmeres werden kann, hatte Oma folgende Ratschläge.

Augengymnastik

Mit den Augen rollen und kreisen, anschließend ganz eng zusammenkneifen und wieder ganz weit aufreißen. Das entspannt die Augenmuskeln, und gleichzeitig werden sie dadurch trainiert. Jetzt beide Hände vor die Augen nehmen und ins Dunkle sehen. Nun die Augen schließen und wenigstens 3 Minuten so verharren. Nach dieser kleinen Übung fühlt man sich wieder frisch und entspannt.

Augenschmerzen

Vor dem Schlafengehen die Schläfen mit Schwarzkümmelöl einreiben, entspannt auf den Rücken legen und auf die Stirn einen feuchten, eiskalten Waschlappen legen. Wer so einschläft, wird am Morgen ausgeruht und ohne Schmerzen aufwachen.

Augenkompressen für müde Augen

Einen Sud aus 1 El zerkleinertem Schwarzkümmelsamen und 1 Tasse Wasser kochen. Abkühlen und abseihen. Kleine Kompressen darin tränken und leicht ausdrücken. Auf die geschlossenen Augen legen und 10 Minuten in dieser Position bleiben. Diese kleine Entspannung ist auch am Arbeitsplatz möglich.

Geschwollene Augenlider

Wenn Augenlider geschwollen oder gerötet sind, helfen Kamillenteebeutel. Die Beutel in warmes Wasser tauchen, ausdrücken und 5 Minuten auf die geschlossenen Augen legen.

Wasseransammlung im Augenbereich

Bei Wasseransammlungen im Augenbereich bereitet man aus zwei rohen, geriebenen Kartoffeln einen Brei, drückt ihn leicht aus und gibt davon eine dicke Schicht auf zwei kleine Mulltücher. Diese legt man auf die geschlossenen Augen. Sobald sich der Brei erwärmt, streicht man eine neue Schicht auf die Tücher. Diesen Vorgang kann man beliebig oft wiederholen.

Der gute Rat

Oft hilft es schon, wenn man während der Arbeit kurz aufsteht und seinen Blick für einige Minuten aus dem Fenster ins Grüne oder in die Ferne schweifen lässt.

B

Blähungen

Wir Kinder haben oft gelacht, wenn Oma den Opa, der unter Blähungen litt, in den Garten schickte. »Besser in die weite Welt als in deinem engen Bauch«, war ihr Wahlspruch. Und der sollte nichts anderes heißen, als dass man Blähungen nicht einhalten darf. Aber Blähungen sind unangenehm und lästig. Mit ihnen gehen oft Bauchschmerzen, die bis in den Brustraum reichen, einher. Übermäßige Gase können sich durch schlechtes und zu hastiges Kauen bilden. Die Speisen werden dabei nicht genügend mit Speichel versetzt. Oftmals ist falsche Ernährung (Teigwaren, Weißbrot, Hülsenfrüchte, Kohl) die Ursache für anhaltende Beschwerden. Wenn keine organischen Ursachen vorliegen, können Omas Tipps eine rasche Linderung bringen.

Vier-Kräuter-Tee gegen Blähungen

Je 10 g (getrocknet) Anis, Fenchel, Kümmel und Pfefferminze vermischen. Von dieser Mischung 1 Tl in eine große Tasse geben und mit kochendem Wasser überbrühen. Etwa 10 Minuten ziehen lassen und noch warm nach jeder Mahlzeit in kleinen Schlucken trinken.

Melissentee

25 g Melissenblätter, 5 g Anis, 20 g Kamille und 5 g Kümmel mischen. 1 El mit 250 ml kochendem Wasser aufgießen, 10 Minuten ziehen lassen und abseihen. Nach jeder Mahlzeit 1 Tasse in kleinen Schlucken trinken.

Apfelessigsaft

2 Gläser Apfelessig auf 50 °C erhitzen, 1 Glas Schwarzkümmelsamen einrühren und 1 Glas Schwarzkümmelöl dazugeben. Den Saft abkühlen lassen und dreimal täglich nach den Mahlzeiten 1 El davon einnehmen.

Kräutertee gegen Blähungen mit Durchfall

15 g Schafgarbe, 15 g Blutwurz, 5 g Wermut und 15 g Zinnkraut vermischen. 1 El davon in einer Tasse mit kochendem Wasser überbrühen. Gleich abseihen und warm in kleinen Schlucken vor dem Schlafengehen trinken.

Kräutertee gegen Blähungen mit Verstopfung

10 g Anis, 30 g Faulbaumrinde, 10 g Fenchel, 30 g Kamille und 20 g Pfefferminze mischen. 1 gehäuften El davon mit kochendem Wasser überbrühen und 10 Minuten ziehen lassen, anschließend abseihen. Am Tag 2 Tassen von diesem Aufguss trinken.

Der gute Rat

Bei vielen Menschen hilft schon eine Wärmflasche auf dem Bauch. Sie löst die Verspannung und lässt die Blähungen abgehen.

Bläschenausschlag

Fast jeder hatte als Kind mal einen Bläschenausschlag. Ob an Lippe, Mundwinkel oder Nase, es brannte, juckte und spannte. Meist war der Spuk nach einer Woche vorbei, und zurück blieb eine kleine gerötete Hautstelle, die mit der Zeit verblasste. Nur wenige Menschen behalten den Herpesvirus als »Schläfer« in ihrem Körper. Durch bestimmte Reize werden diese reaktiviert und machen einem wieder zu schaffen. Oma hatte auch für dieses Problem eine wirksame Tinktur, die sie auf Vorrat herstellte, weil sie 10 Tage ziehen muss.

Johanniskraut-Melisse-Tinktur

Je 10 g getrocknete, zerkleinerte Melissenblätter und Johanniskraut vermischen, in eine verschließbare Glasflasche mit breitem Hals füllen und mit 100 ml Weingeist aufgießen. Die Tinktur 10 Tage ziehen lassen, während dieser Zeit jeden Tag die Flasche einmal kräftig schütteln. Nach 10 Tagen durch einen Filter gießen und die Kräuter gut auspressen. Diese Tinktur wird mit einem Wattestäbchen mehrmals täglich auf die betroffene Hautstelle getupft.

Der gute Rat

Wenn einen die Herpesviren heimsuchen und man keine Zeit hat, eine Tinktur anzusetzen, hilft ein wenig Zahncreme. Einen kleinen Tupfen von der Creme auf die befallene Stelle geben, und sofort hören Brennen und Jucken auf.

Bluterguss

Jeder hat schon einmal einen Bluterguss, einen so genannten blauen Fleck gehabt. Ein paar Tage leuchtet er in schönstem Blau, geht aber dann in grünliches Gelb über. Blutergüsse sind meist harmlos und schmerzen nur im Augenblick des Stoßes. Wenn aber die Schmerzen nicht nachlassen, muss ein Arzt aufgesucht werden, weil sich dahinter meist eine größere Verletzung verbirgt. Für die harmlosen Blutergüsse hatte Oma mehrere gute Tipps parat.

Erste Maßnahme

Die schmerzende Stelle mit kaltem Wasser kühlen oder einen Eisbeutel, den man in ein Handtuch gewickelt hat, auf den Bluterguss legen. Eis sollte aber nie länger als 15 Minuten zum Kühlen verwendet werden, weil sonst zusätzliche Verletzungen (Erfrierungen) entstehen können.

Auflagen und Umschläge

Einige Weißkohlblätter mit dem Nudelholz weich walzen, auf die schmerzende Stelle legen und mit einem Tuch fixieren.

2–3 geriebene rohe Kartoffeln mit etwas kalter Sahne vermischen, auf ein Leinentuch streichen und auflegen.

Ein Stück Baumwoll- oder Leinenstoff mit Glycerin tränken und auflegen.

Der gute Rat

Wenn man sich am Arm oder Bein gestoßen hat, reibt man die Stelle mit eigenem Speichel ein. Das Reiben mit Speichel verhindert in den meisten Fällen das Entstehen eines blauen Flecks.

Blutreinigung

Im jedem Frühjahr machten Oma und Opa eine Blutreinigungskur. Das hieß für uns Kinder, dass es nichts Süßes, aber dafür jede Menge Rohkost und Gemüsesäfte gab. Natürlich war das nicht nach unserem Geschmack. Aber ein Getränk, das Oma selbst herstellte, liebten wir Kinder sehr. Es war der Kombucha-Trank. Er perlte, schmeckte süßsäuerlich, und wir konnten gar nicht genug davon bekommen.

Kombucha

Die Herstellung

Bei der Herstellung von Kombucha ist Sauberkeit ganz wichtig. Alle Gefäße und Utensilien müssen absolut keimfrei sein. Ist dies nicht der Fall, besteht die Gefahr einer starken Verschmutzung mit Fremdkeimen, und der Kombucha würde ungenießbar.

Die Zubereitung

2 1/2 l Wasser zum Kochen bringen, die gewünschte Menge Tee (schwarz oder grün) zugeben und ca. 5–10 Minuten ziehen lassen. Anschließend durch ein Teesieb in das saubere Kombucha-Gefäß füllen. Pro Liter Tee werden etwa 50–70 g Zucker zugegeben. Den Trank auf Zimmertemperatur abkühlen lassen.

Das Säuern des Tees wird entweder mit 10 % fertigem Kombucha oder mit dem Saft von 2 Zitronen gemacht. Den Kombucha-Pilz in die Flüssigkeit legen, das Gefäß mit einem sauberen Geschirrtuch abdecken und mit einem Gummiband verschließen.

Das Kombucha-Gefäß an einem vor direktem Sonnenlicht geschützten Platz bei Zimmertemperatur aufbewahren – ideal sind 23 °C.

Im Sommer sollte der Kombucha an einem kühlen Ort gelagert werden (z. B. im Keller). Durch die einsetzende Gärung hat der Kombucha am fünften Tag seinen höchsten Alkoholgehalt, den er jetzt kontinuierlich wieder abbaut. Ab dem achten Tag, wenn der Kombucha seinen besten Geschmack erreicht hat, wird der fertige Kombucha vom Pilz getrennt. Am einfachsten geht dies, indem man die Flüssigkeit durch einen Kaffeefilter gießt. Anschließend auf Flaschen ziehen und kühl lagern.

Den Pilz mit kaltem Wasser abspülen und anschließend in 200 ml fertigem Kombucha bis zum nächsten Ansatz im Kühlschrank aufbewahren oder gleich einen neuen Ansatz machen.

Der gute Rat

Bei regelmäßigem Genuss wirkt sich Kombucha positiv auf den gesamten Organismus und besonders auf das körpereigene Abwehrsystem aus. Den Kombucha-Pilz bekommt man in der Apotheke oder im Bioladen.

Bronchitis

Bei festsitzendem Husten hatten Omas Ansätze und Sirups eine schleimlösende Wirkung. Und weil sie auch noch lecker schmeckten, haben wir Kinder sie mit großer Begeisterung geschluckt.

Meerrettichbrei

Ein daumenlanges Stück Meerrettichwurzel fein reiben und mit der vierfachen Menge Apfelkompott mischen. 3– 4 mal täglich 1 El davon langsam im Mund zergehen lassen.

Meerrettichsaft

Ein daumenlanges Stück Meerrettichwurzel fein reiben und mit der doppelten Menge Zucker vermischen. Über Nacht stehen lassen, den Saft abgießen und täglich 3 El voll Saft einnehmen.

Zitronensirup

Eine unbehandelte Zitrone bei schwacher Hitze 10 Minuten kochen, halbieren und den Saft in eine kleine Schüssel geben. 2 El Glycerin* und 5 El Honig zufügen, gut vermischen und über den Tag verteilt teelöffelweise einnehmen.

Zwiebelsirup

Eine Gemüsezwiebel grob zerkleinern, in 125 ml Wasser mit einem Stößel zerdrücken. Den Brei in einem Leinentuch ausdrücken und den Saft auffangen. Mit 150 g braunem Kandiszucker zu einem Sirup kochen. Davon jede Stunde 1–2 Tl einnehmen.

Feigensaft

50 g trockene, zerteilte Feigen, 30 g Dattelfrüchte, 30 g Eibischwurzel und 30 g Rosinen in 1 l Wasser 25 Minuten kochen. Abkühlen lassen und in eine Kanne abseihen. Davon täglich bis zu 6 Tassen trinken.

Heißes Bier

500 ml helles Bier mit einer Zimtstange und 100 g Kandiszucker so lange erhitzen, bis sich der Zucker aufgelöst hat. Das Bier darf nicht kochen. 2 Eier schaumig schlagen und vorsichtig unter das heiße Bier ziehen. So heiß wie möglich in kleinen Schlucken trinken. Danach zum Schwitzen gut zugedeckt ins Bett legen.

Der gute Rat

Sirup und Saft lassen sich auf Vorrat herstellen und halten gut gekühlt und dunkel gelagert bis zu 5 Tagen.

*Glycerin ist ein aus drei Kohlenstoffatomen bestehender Alkohol von sirupartiger Konsistenz und süßlichem Geschmack.

D

Darmkatarrh (Durchfall)

Zu viel unreifes Obst von den Bäumen und Sträuchern genascht, anschließend ein Eis gegessen, und in der Nacht kamen dann das Bauchweh und der Durchfall. Aber unsere Oma wusste gleich zu helfen. Damit auch alles wieder aus dem Körper herauskam, was die Verstimmung verursacht hatte, musste viel Flüssigkeit (Wasser, Tee) getrunken werden. Und dann begann die eigentliche Behandlung. Gegen die Bauchkrämpfe wurde immer unsere alte rote Wärmflasche eingesetzt.

Darm-Beruhigungstee

Je 25 g Baldrianwurzel, Kümmel, Pfefferminzblätter und Kamillenblüten vermischen. 1 Tl der Mischung in eine Tasse geben und mit siedendem Wasser übergießen. 10 Minuten ziehen lassen, abseihen und dreimal täglich eine Tasse in kleinen Schlucken trinken.

Gänsefingerkrauttee

40 g Gänsefingerkraut, 30 g Kamille, 30 g Tormentillwurzel. Von dieser Mischung 1 El mit 1 Tasse siedendem Wasser übergießen, 10 Minuten ziehen lassen und anschließend abseihen. Von diesem Tee dreimal täglich 1 Tasse in kleinen Schlucken trinken.

Holundermus

Jede Stunde 1 Tl Holundermus langsam lutschen. Das hat sich bei Kindern besonders bewährt. Holundermus ist in der Apotheke oder im Reformhaus erhältlich.

Holundersaft

Eine Kur mit Holundersaft ist etwas für Erwachsene. 250 ml Holundersaft erwärmen – er darf nicht kochen – und langsam in kleinen Schlucken trinken. Bis zu dreimal täglich sollte ein warmer Saft genommen werden.

Knoblauchapfelessig

250 ml Apfelessig mit 5 Tl Honig und 5 gepressten Knoblauchzehen mischen. Von dieser Mischung 2 Tl in ein Glas mit lauwarmen Wasser geben, verrühren und in kleinen Schlucken trinken. Bis zu dreimal täglich sollte ein solcher Trunk genommen werden.

Der gute Rat

Jetzt sollte man nur leichte Kost zu sich nehmen. Der Darm muss erst einmal zur Ruhe kommen. Klare Brühen wie Hühner-, Rinder- oder Gemüsebrühen sollten einen Tag lang den Speiseplan beherrschen. Der nächste Tag wäre mit gekochtem Reis und Banane ideal besetzt. Während der Genesungsphase sollte viel getrunken werden. Wasser und Tee sind hier zu favorisieren.

Depressive Verstimmungen

In den grauen Wintertagen machte sich manchmal bei den Erwachsenen eine traurige Stimmung breit. Sie waren lustlos, müde, schnell gereizt und hatten an nichts mehr Freude. Das konnte Oma nicht mit ansehen. Flugs stand der Wasserkessel auf dem Herd, und schon hatte sie eine ihrer vielen Teedosen in der Hand. Ihre Mischungen wurden von allen gerne getrunken, und schon ein paar Tage später waren die Verstimmungen verflogen.

Johanniskrauttee

1 El getrocknetes Johanniskraut mit 1 Tasse siedendem Wasser übergießen. Etwa 15 Minuten zugedeckt ziehen lassen, dabei gelegentlich umrühren. Abseihen und dreimal täglich eine Tasse von diesem Tee trinken.

Weißdorn-Johanniskraut-Tee

30 g Weißdorn, 20 g Melissenblätter, 20 g Johanniskraut und 10 g Baldrianwurzel vermischen. 2 Tl der Mischung mit 250 ml siedendem Wasser übergießen und abgedeckt etwa 10 Minuten ziehen lassen. Morgens und mittags je 1 Tasse ungesüßt genießen. Vor dem Zubettgehen wird eine letzte Tasse, die mit Honig gesüßt wird, getrunken (Diabetiker süßen mit Austauschstoff).

Allgemein

Wenn einen die Traurigkeit packt, darf man auch mal weinen. Es erleichtert, besonders wenn man weiß, warum man weint. Wenn diese Phase überwunden ist, das Gesicht kalt abwaschen und einen Spaziergang machen. Denn etwas anderes sehen und hören bringt auf neue Gedanken und lenkt ab.

Der gute Rat

Die aufhellende Wirkung der Tees setzt erst nach ein paar Tagen ein. Darum sollte man schon bei dem ersten Anzeichen einer Verstimmung mit dem Trinken der Tees beginnen.

E

Erschöpfung

Man fühlt sich wie ausgebrannt. Alle Batterien sind leer, und es leuchtet vor dem inneren Auge die rote Alarmlampe. Trotz bleierner Müdigkeit findet man keinen Schlaf, und Konzentrationsstörungen machen einem zusätzlich das Leben schwer. Heute spricht man vom Burn-out-Syndrom, Oma nannte es einfach Erschöpfung, und dagegen hatte sie einige bewährte Mittel zur Hand. Zuerst hieß es entgiften. Genussmittel wie Tabak und Alkohol wurden gestrichen, und Omas Vitalkur konnte beginnen.

Ernährung

Vorwiegend vegetarische, vitamin- und mineralsalzreiche Kost sollte verzehrt werden. Dazu gehören Milch und Milchprodukte, Kartoffeln, Gemüse, Obst, Nüsse und Honig. Gewürzt wird nur mit frischen Kräutern. Als Getränke sind frische Fruchtsäfte und Tees mit Auszügen von Baldrian, Fenchel, Kamille, Melisse und Zinnkraut ideal.

Vitaltrunk

125 ml frisch gepresster Orangensaft mit dem Saft einer Zitrone mischen. Mit 1 El Honig süßen. Diesen Vitaltrunk zweimal täglich (Vormittag/Nachmittag) trinken.

Die Teemischungen

Von einer der folgenden Teemischungen je 1 El mit 1 Tasse siedendem Wasser überbrühen, abseihen und dreimal täglich 1 Tasse noch warm und in kleinen Schlucken trinken.

Johannisbeerblättertee

Bestehend aus 60 g Johannisbeerblättern, 30 g Melisse, 10 g Baldrian.

Pfefferminztee

Bestehend aus 50 g Pfefferminze, 40 g Weißdorn, 10 g Hopfenzapfen.

Brombeerblättertee

Bestehend aus 20 g Brombeerblättern, 20 g Melisse, 10 g Lavendelblüten.

Artischockentee

Bestehend aus 30 g Artischockenblättern, 25 g Baldrianwurzel, 30 g Isländisch Moos, 20 g Kalmuswurzeln, 20 g Rautenblättern, 20 g Weidenblättern.

Kräuterbäder zur Entspannung

Wer kann, sollte zwei- bis dreimal in der Woche ein entspannendes Vollbad nehmen. Danach muss man sich die Zeit nehmen, um zu ruhen, oder besser das Bad in den Abend legen und danach schlafen gehen. Für alle Bäder gilt eine Badetemperatur von 35 bis 38 °C, und kein Bad sollte länger als 15 Minuten dauern.

Baldrianbad

100 g Baldriantee mit 2 l Wasser 10 Minuten kochen lassen, abseihen und diesen Sud in das Badewasser geben.

Heublumenbad

400 g Heublumen mit 4 l Wasser etwa 15 Minuten kochen lassen, abseihen und diesen Sud in das Badewasser geben.

Lavendelbad

50 g Lavendelblüten mit 1 l kochendem Wasser übergießen. Etwa 25 Minuten ziehen lassen, abseihen und diesen Sud in das Badewasser geben.

Melissenbad

60 g Melissenblätter mit 5 l siedendem Wasser übergießen, 20 Minuten ziehen lassen, abseihen und diesen Sud in das Badewasser geben.

Der gute Rat

Von allen vorgeschlagenen Badezutaten gibt es in der Apotheke oder der Drogerie fertige Auszüge.

F

Fieber

Kalte Armwickel bei Fieber

Um den ausgestreckten Arm wird zuerst ein feuchtes, kaltes Handtuch, dann ein trockenes Frotteehandtuch gewickelt. Anschließend den Arm mit einem Wolltuch oder Schal umwickeln. Etwa 30 Minuten so lassen, danach erneuern. Nicht öfter als zweimal hintereinander wickeln.

Kalte Beinwickel bei Fieber

Beinwickel werden nur bis zum Knie gelegt, ansonsten so verfahren wie beim Armwickel. Anschließend sollte der Patient ruhig liegen und der gesamte Körper gut zugedeckt werden. Beinwickel sollten höchstens zweimal hintereinander angewendet und vorher und nachher unbedingt das Fieber gemessen werden. Wenn nach den Beinwickeln die Temperatur nicht gesunken ist, sollte schnellstens ein Arzt konsultiert werden.

Holundervollbad

8 Tl Holunderblüten mit 1 l Wasser aufkochen, 10 Minuten ziehen lassen, abseihen und den Sud in eine zur Hälfte mit warmem Wasser gefüllte Badewanne geben. Nun legt sich der Fiebernde in die Wanne und lässt langsam kaltes Wasser zulaufen, bis das Badewasser nur noch lauwarm ist. Beginnt der Patient zu frösteln, muss er das Bad beenden, sich gut abtrocknen und mit einem warmen Schlafanzug und Wollsocken ins Bett legen.

Der gute Rat

Wenn die Körpertemperatur deutlich über 38 °C liegt, die erkrankte Person schwitzt und Schüttelfrost und gerötete Gesichtshaut hinzukommen, spricht man von Fieber.
Fiebernde haben oft wenig Appetit, und man sollte sie nicht zum Essen zwingen. Wichtig ist, dass sie viel trinken, um die Flüssigkeitsverluste auszugleichen.

Füße, kalte

Wer hat nicht schon seine Eisfüße dem Partner unter die warme Bettdecke gesteckt? Kalte Füße sind unangenehm und hindern beim Einschlafen. Oma hatte für diesen Fall besondere Schafwollsocken, die sie dann anzog. Schon nach kurzer Zeit waren ihre Füße wieder warm, und sie schlief selig ein.

Wechselbäder

Die Füße werden am Abend 5 Minuten in 37 °C warmes Wasser und dann für 5 Sekunden in 15 °C kaltes Wasser gestellt. Diesen Vorgang zweimal wiederholen. Anschließend die Füße gut abtrocknen, mit einer Creme einreiben und Schafwollsocken überziehen.

Fußgymnastik

Die Füße in eine Schüssel mit lauwarmem Wasser stellen. Jetzt 2–3 Minuten mit den Zehen im Wasser tüchtig zappeln. Anschließend die Füße gut trockenreiben, mit einer Creme pflegen und Schafwollsocken überziehen.

Füße, müde

Wer schön sein will, muss leiden. Wenn Oma in die Stadt zum Einkaufen fuhr, tat sie das nur in feinen Sachen. Dazu gehörten auch hochhackige Schuhe. Nach ihrer Rückkehr bat sie ihre Füße mit folgender Packung um Verzeihung.

Gurkenpackung

Zwei Salatgurken zu Brei zerstampfen. Zwei Gefrierbeutel gleichmäßig mit der Masse füllen und über je einen Fuß ziehen. Mit Handtüchern umwickeln, die Beine hochlegen und 30 Minuten einwirken lassen. Anschließend die Füße lauwarm abwaschen und trocknen. Mit einer kühlenden Creme pflegen.

Füße, Schweißgeruch

Oma riet uns immer, täglich Strümpfe und Schuhe zu wechseln. Alle Schuhe sollten aus Leder, die Socken aus Baumwolle oder Wolle sein.

Fußbad

Jeden Abend in einer Fußschüssel kaltes Wasser und 1 Tasse Essig vermischen. Die Füße darin 15 Minuten baden. Anschließend die Füße gut trocknen und mit einer deodorierenden Fußcreme pflegen.

Alternativ:

Jeden Abend in einer Fußschüssel warmes Wasser und 1 Tasse Meersalz vermischen und die Füße 15 Minuten darin baden. Anschließend die Füße gut trockenreiben und mit einer deodorierenden Fußcreme pflegen.

Der gute Rat

Schweißfüße werden schnell wund. Darum streut man deodorierende Fußpuder in Socken und Schuhe. Zweimal in der Woche sollten die Füße nach dem Bad mit Ringelblumensalbe eingerieben werden.

G

Gehirnerschütterung, leichte

Schnell haben sich tobende Kinder und unaufmerksame Erwachsene den Kopf gestoßen. Das kann so heftig sein, dass der Arzt eine leichte Gehirnerschütterung diagnostiziert. Omas folgende Maßnahmen helfen, diese wieder vollständig auszukurieren.

Bettruhe

Bettruhe ist ganz wichtig. Der Patient soll warm zugedeckt liegen. Stündlich das Fenster öffnen und einige Minuten lüften. In den ersten Tagen sollte weder gelesen noch ferngesehen werden. Die zu frühe Belastung, ob in der Schule oder im Beruf, könnte zu chronischen Kopfschmerzen oder Ohrensausen führen. Man sollte sich die Zeit nehmen und wenigstens acht Tage ruhen.

Ernährung

Genussmittel wie Alkohol, Kaffee und Zigaretten sollten für diese Zeit gar nicht oder nur geringfügig genossen werden. Ideal wäre eine vitamin- und mineralstoffreiche Ernährung. Rohkost, Obst- und Gemüsesäfte sollten so oft wie möglich auf dem Speiseplan stehen. Tees, die zur Linderung der Beschwerden beitragen, sind:

Gänseblümchentee

25 g Gänseblümchenblüten und 25 g Primelblüten mischen. 1 El der Mischung mit 1 Tasse siedendem Wasser überbrühen und 10 Minuten ziehen lassen, abseihen und jede halbe Stunde 1 El davon nehmen.

Arnikatee

30 g Arnikablüten, 20 g Augentrost, 20 g Kamillenblüten und 20 g Thymian mischen. 1 El der Mischung mit 1 Tasse siedendem Wasser überbrühen und 10 Minuten ziehen lassen, abseihen und alle 2 Stunden $^1/_2$ Tasse langsam in kleinen Schlucken trinken.

Der gute Rat

Gehirnerschütterungen sind nicht auf die leichte Schulter zu nehmen. Nach einem Sturz oder Ähnlichem sollte deshalb bei den leisesten Anzeichen unbedingt ein Arzt aufgesucht werden.

Gelenkschmerzen

Ab einem gewissen Alter spürt man morgens beim Aufstehen eine leichte Steifheit in den Gelenken. Oma hatte dagegen einige gute Hausmittel, die Linderung verschafften.

Allgemein

Grundsätzlich sollte man auf sein Gewicht achten. Ein zu hohes Körpergewicht verschlimmert die Schmerzen. Zusätzlich ist es wichtig, sich ausreichend zu bewegen – einfach öfters das Auto stehen lassen und zu Fuß gehen. Spaziergänge an der frischen Luft sind ideal. Mit ausreichend Hautschutz versehen, können Sonnenbäder den Gelenken Linderung bringen.

Lehmpackung (Felke-Kur)

Man rührt sauberen Lehm (Apotheke/Drogerie) mit kaltem Wasser zu einem dicken Brei. Diesen streicht man fingerdick auf die schmerzenden Körperstellen. Mit einem Tuch abdecken und bis zu 3 Stunden (bis der Lehm trocken ist) einwirken lassen.

Quarkpackung

Quark mit Molke zu einem dicken Brei rühren. Fingerdick auf die zu behandelnde Stelle auftragen und mit einem trockenen Tuch umwickeln. Die Packung bleibt auf der Haut, bis der Quark trocken und krümelig wird.

Fango- oder Moorpackungen

Heute bekommt man in der Apotheke Fango- oder Moorpackungen in kleinen vorbereiteten Verpackungen. Diese werden im Backofen oder in der Mikrowelle erhitzt und auf die schmerzende Körperstelle gelegt.

Der gute Rat

Wer es sich leisten kann, sollte ein Moorbad aufsuchen. Dort wird man bis auf den Kopf vollständig mit Moor bestrichen, in große Tücher gehüllt und kann dann 30 Minuten ruhen. Dieses Bad lindert nicht nur die Schmerzen, es bringt auch größte Entspannung.

Gerstenkorn

Gerstenkörner sind lästig, schmerzhaft und hässlich. Jeder, der schon einmal eins hatte, wird sich an die Augenklappe erinnern. Die musste man als Kind tragen, damit nicht am Auge gekratzt oder gerieben wurde. Aber zum Glück wusste Oma auch hier für Abhilfe zu sorgen.

Holunderblütensud

25 g Holunderblüten mit 1 Tasse kochendem Wasser überbrühen, 10 Minuten ziehen lassen und durch einen Kaffee- oder Teefilter abgießen. Mit dem warmen Sud ein Wattepad tränken, etwas ausdrücken und auf das geschlossene Auge legen. So lange liegen lassen, bis die Watte erkaltet ist. Anschließend das Lid mit lauwarmem Wasser abtupfen. Diesen Vorgang sechsmal täglich wiederholen, bis das Gerstenkorn abgeheilt ist.

Der gute Rat

Es gehört eine große Portion Selbstbeherrschung dazu, aber man darf das Gerstenkorn nicht mit den Fingern berühren. Schon die kleinste Verunreinigung könnte eine erneute Infizierung hervorrufen.

Gicht

Gicht bekamen früher nur die reichen Leute. Da, wo es jeden Tag Fleisch, Fett und Alkohol gab, war das so genannte Zipperlein nicht weit. Doch mit den Wirtschaftswunderjahren wurde Gicht zu einer Volkskrankheit, die mehr Männer als Frauen befällt. Opa litt auch oft unter einem entzündeten großen Zehgelenk. Dann strich Oma alles, was sein Herz begehrte, vom täglichen Speiseplan, und Heilfasten und Obstkur waren angesagt.

Ernährung

Um weiteren Gichtattacken zu entgehen, ist es ganz wichtig, die Ernährung umzustellen. Alle Lebensmittel, die sehr viel Harnsäure enthalten, sollten vom Speiseplan gestrichen werden.
Fleisch, Innereien, Geräuchertes (Fisch & Fleisch), Eier, Hülsenfrüchte, zu viele tierische Fette und Alkohol sollten für einige Zeit tabu sein. Wenn sich der Gesundheitszustand wieder gebessert hat, kann man sie in reduzierter Form wieder zu sich nehmen.

Geeignete Lebens- und Genussmittel sind

Äpfel
Geflügel (mageres)
Haferflocken
Johannisbeeren
Knoblauch
Lauch
Meerrettich
Milchprodukte
Sauerkraut
Sellerie
Zwiebeln

Artischocken
Gurken
Honig
Kartoffeln
Kräutertee
Malzkaffee
Milch
Mineralwasser
Schnittlauch
Walnüsse

Ungeeignete Lebens- und Genussmittel sind

Alkohol	Blumenkohl
Brokkoli	Eier
Endivien	Erbsen
Erdnüsse	Feldsalat
Fleisch (fettes)	Kaffee
Kohlrabi	Linsen
Mangold	Pilze
Rotkohl	Schwarzer Tee
Spargel	Spinat
Süßigkeiten	Tierische Fette
Wirsing	Wurst

Eisumschläge

Wenn das betroffene Gelenk nicht zu sehr schmerzt, kann man einen leichten Eisumschlag darüber legen. Eis lindert den Schmerz und wirkt leicht betäubend. Der Umschlag sollte bis zu 10 Minuten auf der Stelle bleiben. Eisumschläge können einmal in der Stunde gemacht werden. Den Eisumschlag aber niemals ohne Schutz (Waschlappen oder ein Leinentuch) auf die Haut legen.

Arnikatinktur

50 g Arnikatinktur, 80 g 70-prozentigen Alkohol (Apotheke) und 70 g essigsaure Tonerde vermischen. 3 El der Mischung in 500 ml heißes Wasser geben, ein kleines Mulltuch damit tränken und auf das entzündete Gelenk legen.

Birkenblättertee

20 g Birkenblätter, 20 g Brennnesselblätter, 20 g Ginsterblüten, 20 g Rosmarinnadeln und 30 g Sandseggenwurzeln vermischen. 1 El davon mit einem 250 ml Wasser 5 Minuten kochen, abseihen und morgens und abends je 1 Tasse warm und in kleinen Schlucken trinken.

Der gute Rat

Man sollte möglichst wenig Alkohol trinken. Wenn doch ein Glas Wein getrunken wird, dann immer die gleiche Menge Wasser dazu.

H

Hausapotheke

Schon für unsere Oma war die Hausapotheke ein unersetzlicher Aufbewahrungsort für Medikamente, die man tagtäglich benötigte oder im Notfall schnell griffbereit sein mussten.
Damit die Hausapotheke auch wirklich nützlich ist, sollte Folgendes beachtet werden:

Arzneimittel und Medikamente sollten an einem kühlen, trockenen Ort, möglichst vor Licht geschützt, aufbewahrt werden. Bei Feuchtigkeit und Wärme trocknen Salben und Cremes leichter aus, Dragees und Kapseln können sich zersetzen oder verfärben. Bisher galten das Badezimmer oder die Küche als der beste Aufbewahrungsort. Dabei ist das kühle Schlafzimmer viel geeigneter. Damit die Medikamente für Kinder unerreichbar sind, muss die Hausapotheke abschließbar sein.
Um sich einen Überblick über den Inhalt zu verschaffen, sollte einmal im Jahr die Hausapotheke überprüft werden. Abgelaufene Medikamente werden dabei aussortiert und in die Apotheke oder zu einer Gefahrgut-Sammelstelle gebracht. Beipackzettel und Medikament sollten immer gemeinsam in der Medikamentenschachtel aufbewahrt werden, damit keine Fehlmedikamentierung geschieht. Augen- und Nasentropfen sollten immer nur von einer Person benutzt und nach Behandlungsende aus der Hausapotheke entfernt werden. Denn oft ist der Inhalt angebrochener Fläschchen durch Bakterien verunreinigt und kann bei erneutem Gebrauch zu schweren Infektionen oder Reizungen an Auge und Nasenschleimhaut führen. Auch Verbandsstoffe und Pflaster sollten überprüft werden. Pflaster sind nur dann sinnvoll, wenn sie noch kleben, elastisch und sauber sind.

Der gute Rat

Tierarzneimittel (Wurmkur/Flohhalsband) gehören nicht in die Hausapotheke. Sie müssen unbedingt gesondert gelagert werden.

In die Hausapotheke gehören Arzneimittel gegen:

Schmerz und Fieber
Erkältung & Husten
Halsschmerzen & Schnupfen
Durchfall
Verstopfung
Sodbrennen
Blähungen & Völlegefühl
Übelkeit & Magendrücken
Insektenstiche
Wundinfektion
Wunden und Verbrennungen

Verbandsmaterial

Mullbinden, 6 cm Breite
Mullbinden, 8 cm Breite
2 elastische Binden
Verbandsklammern
Verbandspäckchen, klein, mittel, groß
Verbandswatte
Heftpflasterrollen
Pflaster und Pflasterstrips
2 Dreiecktücher
6 Sicherheitsnadeln
1 Splitterpinzette
1 Verbandschere
Gummi- oder Plastikhandschuhe

Individuelle Arzneimittel

Das sind Arzneimittel, die vom Arzt zur Behandlung von Krankheiten, also auch für den Dauergebrauch, bestimmt sind.

Krankenpflegeartikel

Fieberthermometer
Mundspatel
Desinfektionsmittel
Wärmflasche
Gummi- oder Lederfingerling

Sonstiges

Notfalladressen und die dazugehörigen Telefonnummern von

Hausarzt
Polizei
Feuerwehr
Krankenhaus
Vergiftungszentren

Hautpflege

Omas Hautpflegemasken waren der Hit. Auch heute werden in der gesamten Verwandtschaft pflegende Gesichtsmasken nur nach Omas Rezeptur hergestellt.

Trockene Haut

Wenn im Winter alle über trockene Haut klagten, hat Oma nur milde gelächelt. Sie stieg einmal in der Woche in die Wanne und nahm ein Vollbad. Das Wasser »parfümierte« sie mit Hafermehl. Hier ihr bewährtes Rezept.

Hafermehlzusatz

2 Tassen Haferflocken im Mörser nach und nach zu Mehl zerdrücken. Die Wanne mit 38 °C warmem Wasser füllen, das Mehl dazugeben und gut einrühren. Die Badedauer beträgt etwa 15 Minuten.

Italienische Lotion

Nach dem Hafermehlbad nur wenig abtrocknen. Die noch feuchte Haut mit einigen Tropfen Olivenöl – wenn möglich »extra vergine« – einreiben. Durch die noch feuchte Haut entwickelt sich aus dem Öl eine Emulsion, die der Haut die fehlende Feuchtigkeit zurückgibt.

Duschen

Beim täglichen Duschen nur wenig Duschgel benutzen.
Zu viel laugt die Haut aus.

Der gute Rat

Nach jedem Baden oder Duschen die Haut mit einer Feuchtigkeitscreme pflegen. So bleibt sie bis ins hohe Alter schön und faltenfrei.

Unreine Haut

1 Würfel Hefe mit so viel lauwarmer Milch vermischen, bis ein dicker Brei entsteht. Mit einem Pinsel auftragen und 20 Minuten eintrocknen lassen. Mit den Fingerspitzen abrubbeln und das Gesicht anschließend erst warm, dann kalt abwaschen.

3 El Heilerde mit so viel Kamillentee verrühren, bis ein dicker Brei entsteht, und mit einem Pinsel auf Gesicht und Hals verteilen. 20 Minuten eintrocknen lassen, anschließend das Gesicht erst warm, dann kalt abspülen.

Fettige Haut

1 El Kieselerde mit 1 El Honig und 2 El Milch vermischen. Mit dem Pinsel auftragen und 25 Minuten einwirken lassen. Mit einem feuchten, warmen Handtuch abwaschen. Das Gesicht anschließend kalt abwaschen.

2 El grobes Weizenmehl mit 2 El Buttermilch zu einem dicken Brei vermischen. Mit dem Pinsel auftragen und 20 Minuten trocknen lassen. Mit den Fingerspitzen abrubbeln. Erst mit warmem, dann mit kaltem Wasser abwaschen.

Faltige Haut

1 Gurke im Mixer zerkleinern, 1 Eiweiß steif schlagen und zusammen mit 2 El Honig verrühren. Mit einem Pinsel auf Gesicht, Hals und Dekolleté auftragen und 45 Minuten einwirken lassen. Mit feuchten, warmen Tüchern abnehmen und warm und kalt abwaschen.

1 Tl Weizenkeimöl und ½ Tl Lebertran mischen. Mit den Fingern auf Gesicht, Hals und Dekolleté auftragen. 1 Stunde einziehen lassen. Mit warmem Wasser abwaschen und die Haut mit Feuchtigkeitscreme pflegen. Diese Anwendung kann täglich wiederholt werden.

Der gute Rat

Bei Gesichtsmasken ist es wichtig, die Mund- und Augenpartien auszusparen.

I

Inhalationen

»Das machten sie schon bei den alten Indianern so, und jetzt die Augen zu.« Mit diesem Satz bekam Oma uns immer unter das große Tuch zum Inhalieren. Denn Inhalationen lösen zähen Schleim aus Nase und Bronchien. Die einfachste Form ist die Inhalation über einer Schüssel oder Schale. Dazu wird kochendes Wasser in einen Behälter geschüttet, der gewünschte Wirkstoff hinzugegeben und Kopf und Behälter mit einer Wolldecke oder Ähnlichem abgedeckt. Aber Achtung: Während der ganzen Inhalationszeit müssen die Augen geschlossen bleiben! Die aufsteigenden ätherischen Öle und Dämpfe könnten die Augen reizen.

Inhalation mit Eukalyptusöl

Eine Schüssel mit kochendem Wasser füllen, 4–5 Tropfen Eukalyptusöl zufügen, eine Wolldecke über Kopf und Schüssel ziehen und mit langsamen Atemzügen den aufsteigenden Dampf inhalieren. Dabei etwa 15 Minuten durch die Nase ein- und durch den Mund ausatmen. Nach Beendigung der Inhalation das Gesicht und die Hände kalt abwaschen. Anschließend mit einer Pflegecreme die Gesichtshaut einreiben, damit keine Hautirritationen entstehen.

Inhalation mit Kamille und Thymian

3 El getrocknete Kamillenblüten und 1 El getrockneter Thymian mit 4 l kochendem Wasser übergießen. Mit einem Handtuch den Kopf und die Schüssel abdecken und langsam etwa 10 Minuten durch die Nase ein- und durch den Mund ausatmen. Den erkalteten Sud abseihen und einen Teil davon aufbewahren. Damit kann man geschwollene Augenlider kühlen.

Inhalation mit Fenchelsamen

4 El Fenchelsamen mit 4 l kochendem Wasser übergießen. Kopf und Behältnis mit einer Decke abdecken und langsam abwechselnd etwa 15 Minuten durch Mund und Nase ein- und ausatmen. Nach der Inhalation Gesicht kalt abwaschen und pflegen.

Der gute Rat

Nach einer Inhalation sollte man einige Zeit ruhen und sich warm halten. So kann die wohlige Wirkung der Inhalation sich entfalten.

Insektenstich

Bienen, Hornissen, Wespen

Bunte Kleidung, Parfüms und Süßes locken die Plagegeister an. Barfuß laufen oder aus Gläsern oder Flaschen trinken, die ohne Abdeckung im Freien gestanden haben, birgt das Risiko eines Insektenstichs. Omas Vorsichtsmaßnahmen waren einfach, aber wirkungsvoll. Gläser wurden mit einem Bierdeckel abgedeckt, aus Flaschen wurde nur mit Strohhalm getrunken. Aber wenn es uns trotzdem erwischt hatte, hatte sie einige wirksame Mittel, die schnelle Abhilfe leisteten.

Den Stich mit Eiswürfeln kühlen.

Eine Zwiebel halbieren und auf den Stich legen.

Ein Leinentuch mit essigsaurer Tonerde tränken und auf die Stelle legen.

Speichel mit einer Prise Salz mischen und auf den Stich streichen.

Eine Aspirintablette zerbröseln, die Einstichstelle anfeuchten und die Aspirinbrösel darauf legen. (Nicht für Personen geeignet, die auf Aspirin empfindlich oder allergisch reagieren.)

Grundsätzliches

Hat sich ein Insekt auf der Haut niedergelassen, sollte man es nur vorsichtig abschütteln. Auf keinen Fall hektisch danach schlagen.

Hat ein Insekt gestochen, den Stachel mit einer Pinzette schnell entfernen. Dabei darf der kleine Giftsack, der am Stachel hängt, nicht zerdrückt werden.

Hat ein Insekt in Mund, Zunge, Hals oder die Nase gestochen, sofort einen Arzt aufsuchen. Bis dahin Eiswürfel lutschen oder die Stelle kühlen.

Allergiker müssen sofort zum Arzt!

Der gute Rat

Wenn im Freien gegessen und getrunken wird, etwas abseits eine Schale mit Zuckerwasser aufstellen. Dort können die Insekten, ohne gestört zu werden, vom Zuckerwasser naschen und lassen die Menschen in Frieden.

K

Kehlkopfkatarrh

Erst ein Kratzen im Hals und später Heiserkeit bis zur Stimmlosigkeit. So zeichnet sich der Krankheitsverlauf bei einem Kehlkopfkatarrh ab. Wenn es einen von uns erwischt hatte, ließ uns Oma mit ihren Wunderaufgüssen gurgeln, und es hat immer geholfen.

Eibischaufguss

Je 30 g Eibischwurzeln, Fieberklee, Lavendelblüten und Thymian vermischen. Von dieser Mischung 1 El mit 1 Tasse siedendem Wasser überbrühen, 10 Minuten ziehen lassen und abseihen. In die Tasse 1 El Zitronensaft geben und noch warm damit gurgeln.

Ysopaufguss

30 g Ysop, 20 g Salbei, 20 g Hirtentäschelkraut, 20 g Eibischwurzeln und 1 l Rotwein in einem Topf aufkochen, abseihen und damit über den Tag verteilt gurgeln.

Salzwasser

In 500 ml warmem Wasser 1 El Salz auflösen. Mit dieser Lösung dreimal täglich gurgeln.

Der gute Rat

Wenn die Heiserkeit länger als 1 Woche andauert und ein starkes Krankheitsgefühl hinzukommt, muss ein Facharzt aufgesucht werden.

Kopfschmerzen

Kopfschmerzen wurden bei uns zu Hause immer zuerst mit einem großen Krug Leitungswasser behandelt. Denn Oma behauptete stets, dass Kopfschmerz oft durch zu wenig Flüssigkeit im Körper ausgelöst würde. »Wer wenig trinkt, bekommt dickes Blut, und das passt nicht durch die feinen Adern im Kopf.« Ob diese Theorie stimmt oder nicht, wer Kopfschmerzen bekommt oder hat, sollte darüber nachdenken, wie viel er am Tag getrunken hat. Zusätzliches Wasser trinken kann nie schaden. Aber Oma hatte noch andere Tipps, die leicht umzusetzen sind.

Pfefferminzöl

Pfefferminzöl (Apotheke) vorsichtig an den Schläfenhaaransatz und in den Nacken streichen. Es kühlt, und seine feinen ätherischen Öle lassen den Kopfschmerz schnell verschwinden. Anschließend die Hände gründlich waschen, aber dabei nicht mit den Fingern in die Augen kommen.

Kaffee mit Zitrone

Eine starke Tasse Kaffee mit dem Saft einer ganzen Zitrone mischen und trinken. Koffein und Vitamin C haben gefäßerweiternde Wirkung und beleben Geist und Sinne.

Eisen

Wenn immer wieder Kopfschmerzen auftreten, fehlt dem Körper vielleicht Eisen. Einfach mehr Fruchtsäfte trinken und beobachten, ob eine Besserung eintritt.

Der gute Rat

Viele Möglichkeiten können den Kopfschmerz auslösen, aber es gibt eine Reihe von sinnvollen Maßnahmen zur Vorbeugung:

Ausreichend Flüssigkeit aufnehmen, bis zu 3 Liter dürfen über den Tag verteilt getrunken werden.

Dem Körper genügend Schlaf und Ruhephasen gönnen.

Alkohol und Nikotin meiden.

Wenn möglich, täglich kleine Spaziergänge an der frischen Luft machen.

Leichte Massagen von Schultern, Nacken, Kopfhaut und Schläfen mit den eigenen Fingerspitzen – dies bringt häufig eine Verbesserung.

Entspannungs- und Dehnübungen für den Rücken, die sogar am Arbeitsplatz möglich sind.

Fernsehen und überflüssige Lärmquellen zu Hause stark reduzieren.

L

Lungenentzündung

Wenn jemand in der Familie so ernsthaft erkrankt war, wurde immer ein Arzt zurate gezogen. In Absprache mit ihm versorgte Oma den Patienten mit heilenden Tees. Aber sie sorgte auch für strenge Bettruhe, ausgewogene und vitaminreiche Kost und achtete darauf, dass wir Kinder Ruhe im Haus hielten. Wenn der Arzt es erlaubte, wurde der Patient, sobald er fieberfrei war und die Sonne schien, warm eingepackt und auf der offenen Veranda auf einer bequemen Liege in der frischen Luft gebettet.

Holunderblütentee

2 Tl Holunderblüten mit 1 Tasse kochendem Wasser überbrühen. 10 Minuten ziehen lassen, abseihen und mit Honig gesüßt langsam in kleinen Schlucken trinken. Diesen Tee dreimal täglich trinken.

Eukalyptusblättertee

15 g Eukalyptusblätter, 10 g Grindellakraut, 25 g Huflattich, 10 g Lavendelblüten, 20 g Malvenblüten und 20 g Wollkrautblüten mischen. Von dieser Mischung 1 El mit 1 Tasse siedendem Wasser überbrühen, zugedeckt 10 Minuten ziehen lassen und abseihen. Mit Honig gesüßt können von diesem Tee täglich bis zu 6 Tassen getrunken werden.

Blutorangenwein

30 g Blutorangenschalen, 70 g Blutwurz-Wurzeln und 80 g Pappelsprossen in eine 1 ½ l fassende Flasche füllen. Mit 1 l Portwein auffüllen und 10 Tage ziehen lassen. Vor den Mahlzeiten ein Likörglas davon trinken.

Der gute Rat

Eine Lungenentzündung sollte immer ganz auskuriert werden. Darum alle ärztlichen Maßnahmen einhalten und befolgen.
Wer noch raucht, sollte jetzt damit aufhören. Denn Rauchen schwächt das Immunsystem zusätzlich.

M

Magenbeschwerden

Wenn an Fest- und Feiertagen reichlich und üppig gegessen und getrunken wurde, litt die Gesellschaft oft an saurem Aufstoßen und Völlegefühl. Da musste Oma schnell einen Tee aufgießen, der Linderung brachte, denn man wollte sich durch solch kleine Beschwerden die schönen Tage nicht verderben lassen.

Kamillentee

1 El Kamillenblüten mit 1 Tasse kochendem Wasser überbrühen. 10 Minuten ziehen lassen, abseihen und noch warm vor der Mahlzeit in kleinen Schlucken trinken.

Pfefferminztee

1 El Pfefferminzblätter mit 1 Tasse kochendem Wasser überbrühen und 10 Minuten ziehen lassen. Danach abseihen und noch warm vor der Mahlzeit in kleinen Schlucken trinken.

Kümmeltee

1 El Kümmelkörner im Mörser leicht anstoßen. Mit 500 ml kochendem Wasser überbrühen und 30 Minuten ziehen lassen. Den Kümmeltee abseihen und über den Tag verteilt trinken.

Artischockentee

20 g Artischockenblätter, 20 g Lavendelblüten, 30 g Minzeblätter, 20 g Rautenblätter und 1 El zerquetschte Wacholderbeeren vermischen. Von dieser Mischung 1 El mit 500 ml siedendem Wasser überbrühen und abgedeckt 10 Minuten ziehen lassen. Abseihen und vor jeder Mahlzeit 1 Tasse davon trinken.

Johanniskrauttinktur

30 g Johanniskraut in eine Flasche geben, mit 250 ml 20-prozentigem Alkohol aufgießen, die Flasche verschließen und 5 Tage ziehen lassen. Abseihen und nach jeder Mahlzeit 1 Tl davon nehmen.

Kamillentee-Wickel

1 gehäufter El Kamillenblüten mit 250 ml kochendem Wasser überbrühen. 10 Minuten ziehen lassen, abseihen und in eine Schüssel füllen. Ein Baumwollhandtuch in die Schüssel tauchen, leicht auswringen und dem Kranken um den Bauch legen. Ein Frotteetuch darüber wickeln und 30 Minuten zugedeckt ruhen. Diesen Wickel kann man stündlich wiederholen.

Der gute Rat

Lieber fünf kleine als drei große Mahlzeiten über den Tag verteilt essen. Zwischen den einzelnen Bissen das Besteck aus der Hand legen, bewusst und gründlich kauen. Die Speisen sollten gut mit Speichel vermengt sein, bevor sie geschluckt werden. Wenn man so diszipliniert isst, werden die Beschwerden oftmals weniger, und der zusätzliche Effekt ist eine Gewichtsreduktion.

Menstruationsbeschwerden

Gegen die jeden Monat wiederkehrenden Bauchschmerzen hatte Oma mehrere Tipps in ihrem Repertoire. Erstaunlicherweise ging es damals auch ohne Medikamente.

Warmes Mineralbad

In eine mit 38 °C warmem Wasser gefüllte Badewanne 1 Tasse Meersalz und 4 Tütchen Backpulver hinzufügen. Die Zutaten mit dem Wasser vermischen und das Bad 20 Minuten genießen. Anschließend die Haut mit einer Pflegecreme einreiben und weitere 30 Minuten ruhen. Das Mineralbad wirkt entspannend und beruhigend.

Spaziergänge

Wann immer Zeit ist, einen kleinen Spaziergang machen. Das Laufen löst Verkrampfungen, und die frische Luft macht den Kopf frei.

Warm halten

Wärme lässt das Blut fließen und entspannt die Muskulatur. Das ist besonders wichtig für den verkrampften und mit Blut gefüllten Beckenbereich. Darum ruhig in eine Decke gekuschelt und mit dicken Socken an den Füßen fernsehen.

Kräutertee

20 g Baldrianwurzel, 30 g Kamillenblüten, 20 g Pfefferminze und 30 g Schafgarbe vermischen. 1 El der Mischung mit 1 Tasse siedendem Wasser überbrühen, zugedeckt 10 Minuten ziehen lassen und abseihen. Von diesem Tee bis zu 6 Tassen am Tag trinken. Er wirkt krampflösend und entspannend.

Der gute Rat

Frau sollte sich in dieser Zeit nur Gutes tun. Blumen und Musik können dabei helfen.

Mundgeruch

Bei Mundgeruch ist es wichtig, dem Betroffenen ein offenes Wort zu schenken. Denn dieser merkt es in den meisten Fällen nicht. Mundgeruch kann viele Ursachen haben. Oft hat man nur zu wenig getrunken und gegessen, und der Magen ist leer. Darum hatte Oma immer einige Veilchenpastillen in ihrer Handtasche. Denn das Lutschen der Pastillen reicht in diesem Fall schon aus. Ist der Geruch aber hartnäckig und verschwindet trotz vielseitiger Maßnahmen wie gründlicher Zahnhygiene und Zunge bürsten nicht, sollte ein Arzt aufgesucht werden, der die Ursache klärt.

Die Zahnpflege

Regelmäßige gründliche Zahn- und Mundpflege ist unerlässlich. Dazu gehören eine gute Zahnbürste, Zahncreme, Mundwasser, Zahnseide und ein Zungenbürstchen. All dieses täglich mindestens zweimal angewendet bringt oft schon Besserung.

Myrrhentinktur-Spülung

Für die Mundspülung 15 Tropfen Myrrhentinktur (Apotheke) in ein Glas lauwarmes Wasser geben. Damit gründlich nach jeder Mahlzeit gurgeln und die Zähne durchspülen.

Kräutertee

30 g Bockshornkleesamen, 20 g Kalmuswurzel, 10 g Kamillenblüten und 30 g Schafgarbe mischen. 1 El von dieser Mischung mit 1 Tasse siedendem Wasser überbrühen, abgedeckt 10 Minuten ziehen lassen und abseihen. Davon eine Tasse nach der morgendlichen Mundpflege in kleinen Schlucken trinken.

Der gute Rat

Besteht keine Möglichkeit für eine kurze Zahnpflege, nimmt man diskret etwas Wasser in den Mund, spült damit den Mundraum und die Zähne, und wenn man nicht ausspucken kann, schluckt man es einfach hinunter. Das schadet nicht, und ein sauberes Gefühl im Mund bleibt zurück.

N

Nackenschmerzen

Hat jemand schon mal darüber nachgedacht, wie schwer ein Kopf ist? Er wiegt etwa 8 Pfund, und dieses Gewicht muss der Nacken tragen. Kommt noch eine Fehlhaltung hinzu, ist der Schmerz vorprogrammiert. Oma sagte immer: »Wer den ganzen Tag am Schreibtisch sitzt, muss zwischendurch aufstehen und den Körper recken und strecken. Dabei sollte auch der Nacken bewegt werden.«

Übungen für jeden Tag

Gerader Kopf

Den Kopf gerade halten, dabei das Kinn zu einem Doppelkinn ziehen. Diese Position 5 Sekunden halten. Lösen und diese Übung bis zu zehnmal wiederholen.

Kopf wenden

Den Kopf aufgerichtet nach links über die Schulter drehen, den Kopf nach unten neigen und diese Position kurz halten. Die gleiche Übung mit der rechten Seite. Beide Übungen fünfmal wiederholen.

Schultern hoch

Gerade hinstellen und nach vorne schauen. Arme hängen lassen. Jetzt die rechte Schulter fünfmal hochziehen. Das Gleiche mit der linken Schulter machen. Die Übung fünfmal wiederholen.

Flach schlafen

Wer Nackenprobleme hat, sollte beim Schlafen flach liegen. Zur Entspannung auf den Rücken legen und das Kopfkissen als Rolle unter die Kniekehlen schieben. So werden Rücken und Nacken optimal entlastet.

Nackenschutz

Zugluft, Kälte und Feuchtigkeit sind oftmals Auslöser für Nackenschmerzen. Darum den Nacken immer mit einem Tuch oder Schal schützen.

Das Kopfkissen

Ein kleines Nackenkissen oder ein aufgerolltes Frotteehandtuch geben dem Nacken die richtige Stütze.

Der gute Rat

Auch im Sommer sollten gerade die Damen ihren Nacken mit einem leichten Seiden- oder Kaschmirschal schützen.

Nasenbluten

Wenn man sich die Nase gestoßen hatte, war man entsetzt, wie viel und wie schnell das Blut aus der Nase tropfte. Doch Oma wusste Rat. Sie legte dem Verletzten ein nasses, kaltes Tuch auf Nacken und Stirn, und das Bluten hörte meist schnell wieder auf.

Heute sagt man, bevor man den Blutfluss stoppt, sollte man sich noch einmal kräftig die Nase putzen. Denn feine Blutklümpchen verhindern das Schließen der Blutgefäße. Danach die Nase mit Daumen und Zeigefinger leicht zusammendrücken. Das genügt meist, um das Bluten zu stoppen.

Der gute Rat

Hört trotz aller Bemühungen das Bluten nicht auf und man hat das Gefühl, dass das Blut auch in den Rachen läuft, muss unbedingt ein Arzt aufgesucht werden.

Nebenhöhlenentzündung

Nasentropfen und Nasenspülungen

O weh, war das Geschrei groß, wenn Oma mit Nasentropfen oder gar einer Spülung gegen die verstopfte Nase oder eine beginnende Nebenhöhlenentzündung vorgehen wollte. »Das macht ein echter Seemann an jedem Morgen. Er nimmt eine Hand voll Meerwasser und zieht es durch die Nase ein. Das ist gesund! Oder habt ihr schon mal einen Seemann mit Schnupfen gesehen?«, so ihr Kommentar. Wir mussten ihr glauben, denn wir wohnten weit weg vom Meer und hatten noch nie einen echten Seemann gesehen.

Emser Salz

1 Tl Emser Salz in 125 ml Wasser aufkochen. Nach dem Abkühlen in eine Glasflasche mit Pipette füllen und mehrmals täglich in jedes Nasenloch 3–4 Tropfen träufeln.

Kamillentee

2 gehäufte Tl Kamillenblüten mit 250 ml kochendem Wasser übergießen. 15 Minuten ziehen lassen, abseihen und mehrmals täglich durch jedes Nasenloch bis in den Hals einziehen.

Warmer Waschlappen

Einen Waschlappen unter heißes Wasser halten, auswringen und so warm wie möglich über die Augen und Wangenknochen legen. Die feuchte Wärme ist wohltuend und schmerzlindernd.

Trinken

Über den Tag verteilt viel Wasser, Saft und Tee trinken. Viel trinken verdünnt den Schleim und lässt ihn besser abfließen.

Nase richtig putzen

Immer nur ein Nasenloch schnäuzen. Das verhindert, dass auf die Ohren ein zu großer Druck ausgeübt wird.

Der gute Rat

Wenn die Beschwerden nach zwei Tagen keine Besserung zeigen, sollte man einen Arzt aufsuchen.

O

Ohnmacht

Das Riechfläschchen gehörte früher zur Standardausrüstung einer jeden Dame. Ohnmachten entstanden durch zu eng geschnürte Mieder oder wurden inszeniert, um den Mann der heimlichen Träume auf sich aufmerksam zu machen. Selbst Oma hatte immer einen kleinen Flakon in ihrer Handtasche. Einige Tropfen Eau de Cologne kamen auf das spitzenbesetzte Taschentuch, verströmten einen erfrischenden Duft und belebten die schwindenden Sinne.

Tinktur für ein Riechfläschchen

Je 10 g Lavendelblüten, Minzeblätter, Rosmarinnadeln und Zimtstange in Weinessig 10 Tage lang ziehen lassen. Anschließend abseihen und in einen gut schließenden Flakon füllen.
Im Notfall die Person am Riechfläschchen riechen lassen oder mit der Tinktur die Schläfen der ohnmächtigen Person einreiben.
Diese Tinktur sollten zur Ohnmacht neigende Personen immer mit sich führen.

Ohnmacht aus medizinischer Sicht

Eine Ohnmacht kündigt sich meist vorher an. Sie beginnt mit kaltem Schweiß auf der Stirn, geht über in Schwindel und Übelkeit, und die betroffene Person sinkt in sich zusammen. Meist dauert dieser Zustand nur einige Sekunden.

Erste Hilfe bei Ohnmächtigen mit blassem Gesicht

Die Person flach hinlegen, den Kopf tiefer lagern. Beengende Kleidungsstücke (BH/Krawatte/Gürtel) öffnen. Für möglichst viel frischen Sauerstoff sorgen. Erbricht die Person, den Kopf seitlich lagern, damit das Erbrochene nicht verschluckt oder eingeatmet wird. Stirn und Schläfen kühlen. Riechfläschchen (siehe oben) unter die Nase halten. Erst wenn der Betroffene das Bewusstsein wiedererlangt hat, langsam etwas zu trinken geben. Atmet der Bewusstlose nicht, versuchen, mit Mund-zur-Nase-Beatmung die Person zu reanimieren. Sofort einen Arzt rufen!

Erste Hilfe bei Personen mit blaurotem Gesicht

Die Person hinsetzen, dabei abstützen. Liegt die Person auf dem Boden, den Kopf möglichst hoch betten. Beengende Kleidungsstücke (BH/Krawatte/Gürtel) öffnen und für frische Luft sorgen. Sofort einen Arzt rufen!

Der gute Rat

Bei den meisten Menschen ist der letzte Kurs in »Erste Hilfe« schon lange her. Darum beim Roten Kreuz o. Ä. nachfragen, das Wissen erneuern und auf den neusten Stand bringen.

Ohrenentzündung und Ohrenschmerz

Tagsüber, wenn der Kopf hochgehalten wird, haben die meisten keine Schmerzen. Denn dann kann alle Flüssigkeit aus den eustachischen Röhren in den Rachen abfließen. Aber in der Nacht, bei Ruhiglage des Kopfes, kommt der Schmerz zurück, der einen nicht schlafen lässt. Oma hat uns dann in regelmäßigen Abständen aufrecht hingesetzt und etwas zu trinken gegeben.

Trinken

Über den Tag verteilt viel Wasser, Saft und Tee trinken. Das verdünnt den Schleim und lässt ihn besser abfließen.

Schluckübungen machen

Wenn die Schmerzen in der Nacht zu arg werden, sich aufrecht hinsetzen und entweder etwas trinken oder trocken schlucken.

Ohrentropfen

10 g Kamille in 50 g Olivenöl 1 Minute kochen, abkühlen lassen und mit einer Pipette in jedes Ohr einige Tropfen träufeln. Mit dem Rest kleine Wattebäusche tränken und vorsichtig in den Gehörgang schieben.

Kölnisch Wasser oder Klosterfrau Melissengeist

Eines von beiden hat man vermutlich im Haus. Kleine Wattebäuschchen damit tränken und vorsichtig in die Gehörgänge schieben. Während sich der Alkohol verflüchtigt, durchdringen die ätherischen Bestandteile das Ohr und beruhigen den Schmerz.

Der gute Rat

Nach dem Baden oder Duschen die Ohren gut trockenreiben. Nie mit einem scharfen Gegenstand die Ohren säubern. Wattestäbchen nur im äußeren Ohrenbereich einsetzen.

Osteoporose

Früher bekamen viele Frauen im Alter so genannte Witwenbuckel oder Reiterbeine. Man wusste nicht, dass Osteoporose der Auslöser dafür war. Heute weiß man, dass man mit richtiger Ernährung und ausreichender Bewegung die Knochen bis ins hohe Alter stärken kann.

Kalzium

Man sollte bevorzugt Lebensmittel mit hohem Kalziumanteil in den Speiseplan einbauen. Dazu gehören Milch (auch entrahmte Milch), Käse, Joghurt, Quark, Lachs, Sardinen, Tofu und Parmesankäse. Fleisch sollte größtenteils durch Fisch ersetzt werden. Obst und Gemüse gehören ebenfalls täglich auf den Tisch.

Genussmittel

Alkohol, Kaffee und Nikotin sollten möglichst gemieden, auf jeden Fall aber reduziert werden. Denn sie senken den natürlichen Östrogenspiegel, und Frauen mit einem niedrigen Östrogenspiegel haben ein erhöhtes Risiko, an Osteoporose zu erkranken.

Bewegung

Menschen, die sich regelmäßig bewegen und Sport treiben, haben einen bis zu 40 % höheren Knochenmineralgehalt. Schon ein täglicher Spaziergang sorgt für eine größere Knochendichte.

Der gute Rat

In der Gruppe wandern macht Spaß, und man lernt dabei auch noch nette Leute kennen. Örtliche Sportvereine bieten oft Programme an.

P

Parodontose

Parodontose ist im Endstadium sehr schmerzhaft. Das Zahnfleisch weicht zurück und legt die empfindlichen Zahnhälse frei. Diese sind sehr empfindlich gegen Berührungen, Temperaturunterschiede (kalt/heiß) und Süßigkeiten. Die Erkrankung ist in der Hauptsache die Folge von mangelnder Mundhygiene. Eine einseitige und vitaminarme Ernährung oder eine genetisch bedingte schlechte Kiefersubstanz kann auch Parodontose verursachen.

Zahnpflege

Regelmäßig die Zähne putzen, vor allem nach jeder Mahlzeit und vor dem Schlafengehen. Eine mittelharte Zahnbürste ist ideal. Zahnseide benutzen und die Zwischenräume der Zähne reinigen. Zweimal im Jahr einen Zahnarzt aufsuchen und Zahnstein und Ablagerungen zwischen den Zähnen entfernen lassen. Einmal wöchentlich ein Fluoridgel auf die Zähne auftragen.

Mundspülung

Wenn tagsüber keine Möglichkeit besteht, die Zähne zu reinigen, sollte man wenigstens den Mund gründlich spülen. Das geht mit einfachem Wasser. Einen Schluck in den Mund nehmen und etwa 1 Minute das Wasser durch die Zahnzwischenräume drücken. So werden die Zähne umspült und überschüssige Säuren im Mund entfernt.

Der gute Rat

Der Zahnarztbesuch sollte genauso wichtig sein wie jede andere Vorsorgeuntersuchung. Am Jahresanfang die Termine festmachen und im Kalender eintragen. Ein Mensch mit gepflegten Zähnen wird von der Umwelt positiv wahrgenommen.

Prostatabeschwerden

Bei Prostatabeschwerden handelt es sich um eine Entzündung oder Vergrößerung der Vorsteherdrüse. Es entsteht ein Druckgefühl in der Darmgegend, vermehrter Harndrang oder bei einer fortgeschrittenen Entzündung der Zustand einer schmerzhaften Harnsperre. Oma empfahl Sitzbäder mit Kamille. Die werden heute noch angewendet und bringen eine kleine Erleichterung.

Vorbeugen

Kaum etwas schadet der Prostata so sehr wie die Verbindung aus langem Sitzen und starker Unterkühlung. Auch Rad fahren sollte bei beginnenden Beschwerden unterlassen werden. Zu langes Einhalten bei Harndrang sollte man vermeiden. Dadurch steigt nicht nur die Gefahr eines Infekts der Harnwege und der Prostata, sondern auch die einer Harnsperre. Es ist besser, regelmäßig auf die Toilette zu gehen und die Blase möglichst in großer Ruhe vollständig zu entleeren.

Sitzbäder mit Kamillenzusätzen

Die Badewanne mit 35 °C warmem Wasser halb voll füllen. 3 El Kamillenblüten mit 3 l Wasser zum Kochen bringen, 10 Minuten ziehen lassen und abseihen. Ins Badewasser geben und 10 Minuten darin baden. Gut abtrocknen und den Unterleib warm halten.

Ernährung

Eine ausgewogene vitaminhaltige Mischkost ist zu empfehlen. Man sollte auf scharfe Gewürze verzichten. Bis zu 1 l frisch gepresste Säfte über den Tag verteilt trinken. Eine Mischung aus Rote Bete, Lauch und Löwenzahn eignet sich hier besonders.

Der gute Rat

Jeder Mann sollte einmal im Jahr einen Facharzt für Urologie aufsuchen. Je eher mit einer Therapie begonnen wird, desto besser sind die Chancen, die Beschwerden zu lindern und eine Operation zumindest hinauszuzögern.

R

Rachenkatarrh

Es kratzt, brennt, und das Schlucken wird zur Qual. Gleichzeitig stellt sich ein Fremdkörpergefühl im Hals ein, und man möchte sich ständig räuspern. Von Oma wurde dann ein Ingwerabsud gekocht, der wegen seiner Schärfe nur zum Gurgeln genommen werden konnte.

Ingwerabsud

2 El geriebenen Ingwer in 250 ml heißes Wasser geben. 10 Minuten ziehen lassen und durch ein Teesieb abseihen. Diesen Absud dreimal täglich zum Gurgeln frisch herstellen.
Es sollte möglichst nichts verschluckt werden, denn der Ingwerabsud ist sehr scharf und könnte den Magen reizen.

Der gute Rat

Solange die Heiserkeit anhält, sollte nicht viel gesprochen werden. Wenn möglich, nur durch die Nase einatmen. Die ohnehin schon gereizten Schleimhäute des Rachens sollten nicht der kalten Atemluft ausgesetzt werden.

Reisekrankheit

Da freut man sich auf den Urlaub, sitzt mit großer Erwartungshaltung im Auto, und auf einmal dreht sich alles um einen. Mit hektischen Bewegungen wird dem Fahrer signalisiert, sofort an den Rand zu fahren. Das geht vielen Menschen so. Oma hat uns früher während der Fahrt, ob im Zug oder Auto, immer etwas Ingwertee zu trinken gegeben. Das hat allen gegen die Reisekrankheit geholfen. Auf unsere Frage, woher sie wusste, dass Ingwer dagegen hilft, antwortete sie: »Das haben schon die ersten Auswanderer auf dem Weg in die Neue Welt genommen. Ingwer beruhigt halt den Magen, und darum geht es euch gut.«

Ingwertee

1 El geriebenen Ingwer mit 1 l kochendem Wasser überbrühen. Abseihen und ungesüßt in eine Thermoskanne füllen. Nur zur Hälfte gefüllte Tassen langsam in kleinen Schlucken trinken.

Oliven und Zitronen

Übelkeit entsteht, wenn zu viel Speichel produziert wird. Der Speichel wandert in den Magen und verursacht dort die Übelkeit. Zerkaut man einige Oliven, wird der Speichelfluss unterbrochen. Die in den Oliven enthaltene Gerbsäure hält die Mundhöhle trocken. Einige Spritzer Zitronensaft haben den gleichen Effekt.

Frische Luft

Mit ausreichend frischer Luft lässt sich die Reisekrankheit besser ertragen. Während der Autofahrt öfter die Scheiben herunterlassen und lüften. Auf einem Schiff an Deck gehen und im Flugzeug die Belüftungsdüse auf sich richten.

Der gute Rat

Auf Reisen nur leichte Kost zu sich nehmen und viel trinken.

S

Schlaflosigkeit

Ein geregelter Schlafrhythmus ist wichtig, wenn man wieder lernen muss zu schlafen. Man sollte versuchen, jeden Abend um die gleiche Zeit ins Bett zu gehen. Das Ganze sollte wie ein Ritual ablaufen. Bei uns zu Hause durften wir nach dem Abendessen noch eine halbe Stunde lesen, dann mussten wir Zähne putzen und ohne Diskussion ins Bett. Klar haben wir protestiert, aber morgens waren wir fit, und der Tag gehörte uns.

Spaziergang

Ganz egal, welches Wetter, einfach am Abend noch einmal Mantel und Schuhe anziehen und langsam eine Runde um den Block drehen. Dabei bewusst tief atmen.

Lüften

Während man sich bettfertig macht, das Schlafzimmer gut lüften. Anschließend das Fenster schließen oder nach Bedarf geöffnet lassen. Die ideale Raumtemperatur liegt zwischen 14 und 18 °C. Wer schnell friert, sollte die gute alte Wärmflasche mit ins Bett nehmen.

Schlafbekleidung

Nicht nackt schlafen. Der Urtrieb in uns möchte geschützt und bedeckt sein. Leichte Schlafbekleidung aus Baumwolle und Bettzeug, das sich anschmiegt, sind die idealen Begleiter für die Nacht.

Reizstoffe

Um schon am Tag die Weichen für einen erholsamen Schlaf zu stellen, ab dem späten Nachmittag keinen Kaffee, Cola oder starken schwarzen Tee trinken.

Alkohol

Mehr als ein Glas Wein oder Bier sollte es nicht sein. Auf starken Alkohol bitte ganz verzichten. Der beruhigende und dämpfende Effekt ist schon nach ein paar Stunden vorbei, und man wird wieder wach. Denn wenn die alkoholische Wirkung nachlässt, setzt eine Entzugserscheinung ein. Dann ist die Nachtruhe vorbei.

Lärm und Licht

Straßen- oder Fluglärm und helle Straßenbeleuchtung beeinträchtigen den Schlaf. Ohrenstöpsel und Schlafbrillen helfen. Außerdem Wecker, die laut ticken, oder Radios mit leuchtender Digitalanzeige aus dem Schlafzimmer verbannen.

Der gute Rat

Wenn alle Vorschläge nicht fruchten, kann man mit Hilfe eines Schlaflabors die Ursachen für die Schlaflosigkeit finden und beseitigen. Vorher sollte man mit einem Arzt sprechen.

Schleimbeutelentzündung

In seinem Leben wird jeder einmal von einer Schleimbeutelentzündung heimgesucht. Schulter, Ellbogen oder Knie bekommen eine prall-elastische Geschwulst, die sich heiß anfühlt. Oma verpasste dem Patienten eine Rizinusöleinreibung mit anschließender Ruhigstellung des befallenen Gelenks.

Rizinusölpackung

Ein Leinentuch mit Rizinusöl tränken und um die entzündete Stelle legen. Darüber ein Frotteehandtuch wickeln und die Stelle mit einem Heißkissen oder der Wärmflasche warm halten.

Eis & heiß

Fühlt sich das Gelenk heiß an, legt man 10 Minuten einen Eisbeutel auf die entzündete Stelle. Danach 10 Minuten die mit heißem Wasser gefüllte Wärmflasche auflegen. Anschließend das Gelenk ruhig halten.

Essigumschläge

2 El Essig auf 500 ml kaltes Wasser geben. Ein Leinentuch damit tränken und sehr feucht um die schmerzende Stelle legen. Zum Schutz ein Frotteetuch bereitlegen.

Übungen

Lässt der Schmerz nach, sollte mit leichten Dehnübungen begonnen werden. Sind Schulter und Ellenbogen betroffen, krabbelt man mit den Fingerspitzen eine Wand hoch, bis die Achseln die Wand berühren. Liegt die Unbeweglichkeit im Knie, im Sitzen das Bein strecken und wieder anwinkeln. Diese Übungen mehrfach wiederholen.

Der gute Rat

Sollte nach 4–5 Tagen keine Besserung eintreten, muss ein Arzt konsultiert werden.

Schluckauf

Hicks! Da ist er wieder, der Schluckauf. Keiner hat ihn gebeten zu kommen – und zu bleiben erst recht nicht. Meist ist er nach wenigen Minuten vorbei. Aber manche Menschen plagt er über längere Zeit. Hier einige Tipps aus Omas Trickkiste.

Atem

Den Atem anhalten und bis 20 zählen.

Eiswürfel

Zerkleinerte Eiswürfel ganz langsam lutschen.

Brot

Ein Stück trockenes Brot mit Rinde oder ein Stück Vollkornbrot kauen und ohne Flüssigkeit schlucken.

Zucker

1 Tl voll Zucker in den Mund nehmen und ohne Flüssigkeit und ohne ihn mit Speichel zu vermengen runterschlucken.

Der Tütentrick

Eine Papiertüte vor den Mund halten und schnell zehnmal ein- und ausatmen.

Daumentrick

Mit beiden Daumen die Ohren zuhalten, gleichzeitig mit den Zeigefingern die Nasenflügel zusammendrücken. Jetzt mit geschlossenem Mund die Backen aufblasen und die Luft anhalten. Sieht komisch aus, hilft aber.

Der gute Rat

Schluckauf entsteht oft durch zu flaches Atmen. Beim Einatmen sollen sich der Brustkorb und der Bauch wölben. Wer so atmet, bekommt nur noch selten einen Schluckauf.

Schnarchen

Ob Schnarchen ein ernsthaftes medizinisches Problem ist oder nur in Rückenlage die absolute Entspannung signalisiert, das ist dem Menschen, der dieser immer wiederkehrenden Geräuschkulisse ausgeliefert ist, ziemlich egal. Es muss Abhilfe her. Wenn Opa zu laut schnarchte, stupste Oma ihn nur an, und er drehte sich auf die Seite, damit die Geräusche verstummten. Aber so einfach geht es nicht bei jedem.

Der Schlummertrunk

Menschen, die sehr laut schnarchen, sollten vor dem Zubettgehen keinen Alkohol trinken. Er verstärkt das Schnarchen und lässt selbst den Schnarcher unruhig schlafen.

Rückenlage verhindern

Einen kleinen Ball oder einen kleinen Holzklotz in das Rückenteil des Schlafanzuges einnähen. So ist die Rückenlage für den Schnarcher unbequem, und er bleibt in der ruhigen Seitenlage.

Höher liegen

Schnarcher sollten möglichst mit dem Oberkörper höher liegen. Das Oberteil des Bettes einfach einige Raster höher stellen.

Ohrstöpsel

In der Apotheke gibt es Ohrstöpsel, die sich der Ohrmuschel anpassen. Wem das nicht reicht, kann man beim Hörgeräteakustiker maßgefertigte Stöpsel kaufen.

Der gute Rat

Oft führt Übergewicht zum Schnarchen. Schnarcher, die ihr Gewicht reduzieren, werden in der Regel auch leiser. Der vermeintliche Tipp, einen Schnarcher mit Schlaftabletten ins Reich der Träume zu schicken, hat die gleiche Wirkung, wie Eulen nach Athen zu tragen. Der Schnarcher schläft noch entspannter und somit umso lauter.

Schuppen

Bei hellhaarigen Menschen fällt es nicht so auf, aber wenn ein dunkelhaariger Mensch unter Kopfschuppen leidet, ist sein Problem für alle sichtbar. Oma hatte zwei Spülungen im Programm, die schon nach kurzer Zeit eine Besserung zeigten.

Hellhaarige Menschen

Mit einem Spezialshampoo die Haare waschen. Alle Seifenreste gründlich ausspülen. Zum Schluss eine Spülung mit vorher aufgebrühtem Kamillentee machen.
2 Beutel Kamillentee mit 500 ml kochendem Wasser überbrühen, 30 Minuten ziehen lassen und langsam über die Kopfhaut gießen. Nur leicht ausdrücken und ein Handtuch wie einen Turban um den Kopf wickeln. Die Haare so etwa 15 Minuten antrocknen lassen. Diese Spülung bei jeder Haarwäsche wiederholen.

Dunkelhaarige Menschen

Mit einem Spezialshampoo die Haare waschen und alle Seifenreste gründlich ausspülen. Zum Schluss eine Spülung mit vorher aufgebrühtem Rosmarintee machen.
2 Hand voll Rosmarinnadeln mit 500 ml kochendem Wasser überbrühen, 30 Minuten ziehen lassen und langsam über die Kopfhaut gießen. Nur leicht ausdrücken und ein Handtuch wie einen Turban um den Kopf wickeln. Die Haare so etwa 15 Minuten antrocknen lassen. Diese Spülung bei jeder Haarwäsche wiederholen.

Der gute Rat

Wenn trotz dieser beiden Spülungen keine Besserung eintritt, sollte man einen Dermatologen aufsuchen, denn es kann sich auch um eine Dermatitis handeln. Folgende Symptome sprechen dafür: Kopfhautreizung, dicke Schuppen trotz der Spülung sowie rote Flecken, die bis in den Nacken reichen.

Schuppenflechte

Keiner weiß, woher die Krankheit kommt. Sie ist da, bleibt einige Zeit, verschwindet, kommt unregelmäßig wieder, und manchmal verschwindet sie ganz. Das ist die Hoffnung, die alle Betroffenen haben. Was bei anderen Menschen die Haut schädigen könnte, ist bei Schuppenflechte oder Psoriasis hilfreich: ausgiebige Sonnenbäder! Sie lassen die schuppenden Stellen verschwinden. Aufenthalte am Toten Meer sind der Jungbrunnen. Die Hautstellen heilen ab und erneuern sich in normaler Geschwindigkeit. Wer es sich leisten kann, sollte jedes Jahr eine Reise an das Tote Meer unternehmen. Aber es gibt auch einiges, was man zu Hause machen kann.

Cremen

Ganz wichtig ist das Eincremen des Körpers. Nach jedem Duschen und Baden muss der gesamte Körper von Kopf bis Fuß mit einer Feuchtigkeitslotion eingecremt werden.

Sonnenbaden

Auch wenn es schwer fällt und man glaubt, alle Augen ruhen auf einem: raus aus den Kleidern und rein in die Sonne. Jeder Psoriatiker sollte sich über die neugierigen Blicke der anderen hinwegsetzen und sich der Sonne darbieten. Nichts tut der Haut besser als ein wohldosiertes Sonnenbad. Aber bitte nicht auf ausreichenden UV-Schutz für die nicht befallenen Hautpartien verzichten. Eine Alternative sind Sonnenbänke. Ganzjährig stehen sie zur Verfügung, und ein großes Maß an Intimsphäre wird gewahrt.

Bad mit Apfelessig

Kalte Bäder mit Apfelessig sind hilfreich und unterstützen die Heilung. Ein Vollbad bei 35 °C mit einer Tasse Apfelessig versetzen. 15 Minuten darin baden. Danach den Körper abtupfen und mit einer Feuchtigkeitscreme pflegen.

Bad mit Kleie

Je 250 g Roggen- und Weizenkleie mit 3 l Wasser aufkochen, abseihen und dem Badewasser zugeben. 15 Minuten bei 35 °C darin baden. Anschließend abtupfen und den Körper mit einer Feuchtigkeitscreme pflegen.

Bad mit Meersalz

2 Tassen Totes-Meer-Salz (Apotheke) auf ein Vollbad geben und bei 35 °C 20 Minuten darin baden. Den trockengetupften Körper mit einer Feuchtigkeitscreme pflegen.

Der gute Rat

Eine ausgewogene Ernährung ist ganz wichtig. Verzichten sollte man auf fettes Fleisch und Wurst, scharfe Gewürze, Kaffee, Alkohol und Nikotin.

Sodbrennen

Sodbrennen ist keine Krankheit, kann aber ein Hinweis auf eine Erkrankung sein (Magengeschwür, Magenschleimhautentzündung). Wenn aber eine organische Erkrankung ausgeschlossen ist und nur eine Übersäuerung des Magens vorliegt, helfen Omas Gesundheitstipps.

Kümmeltee

1 El Kümmelkörner im Mörser leicht anstoßen. Mit 500 ml kochendem Wasser überbrühen und 30 Minuten ziehen lassen. Den Kümmeltee abseihen und über den Tag verteilt trinken.

Sauerkrautsaft (Apotheke)

Es klingt abenteuerlich, aber mit Säure kann man Säure bekämpfen. Einmal täglich ein halbes Glas Sauerkrautsaft trinken oder eine Hand voll frisches Sauerkraut essen.

Siehe auch das Kapitel Magenbeschwerden.

Der gute Rat

In Fertiggerichten sind Geschmacksverstärker und künstliche Aromen enthalten. Sie können Sodbrennen auslösen. Darum lieber frisches Essen genießen.

U

Unruhige Beine

Da liegt man im Bett, ist müde und verspürt nur noch den Wunsch zu schlafen. Doch die Beine führen ein Eigenleben. Sie sind unruhig, kribbeln besonders im Unterschenkelbereich und lassen einen nicht zur Ruhe kommen. In Amerika nennt man diesen Zustand »Restless Legs«-Syndrom. Omas Tipp: »Da hilft nur Franzbranntwein.«

Franzbranntwein (Apotheke)

Etwas Franzbranntwein in die Hände geben und mit klopfenden Bewegungen auf die Beine bringen. Er kühlt und lenkt vom Kribbeln ab. Das funktioniert auch mit Melissengeist.

Kaltes Wasser

Die Beine für einige Minuten in der Dusche oder Badewanne mit kaltem Wasser abbrausen. Danach leicht trocknen und die Beine auf einem Keilkissen oder einer Nackenrolle hochlegen.

Der gute Rat

Viel spazieren gehen oder Rad fahren helfen die Beschwerden in den Griff zu bekommen. Beides fördert die Durchblutung und lässt mit der Zeit die Beine wieder zur Ruhe kommen.

V

Verstopfung

Man muss nicht jeden Tag müssen! Stuhlgang ist individuell, manche Menschen gehen dreimal am Tag, andere wiederum dreimal in der Woche. Beides ist normal. Nur die Pharmaindustrie hat den Wunsch, dass der Konsument jeden Tag auf die Toilette gehen soll und darum ein teures Abführmittel nehmen muss.

Wenn aber eine wirkliche Verstopfung vorliegt und sich der Bauch wie mit Steinen gefüllt anfühlt, darf man ruhig auf Omas Abführmittel zurückgreifen.

Apfelessig

2 El Apfelessig in 1 großes Glas lauwarmes Wasser geben, umrühren und gleich nach dem Aufstehen trinken.

Backpflaumen

10 Backpflaumen in 1 Glas lauwarmem Wasser über Tag einweichen. Vor dem Schlafengehen die Backpflaumen essen und das Einweichwasser trinken.

Milchzucker

1 gehäufter Tl Milchzucker (Apotheke) in 1 Tasse lauwarmer Milch auflösen und auf nüchternen Magen trinken.

Leinsamen

Dreimal täglich 1 bis 2 gehäufte El geschroteten Leinsamen mit je 500 ml Wasser einnehmen.

Sauerkrautsaft

½ Glas Sauerkrautsaft vor dem Zubettgehen trinken.

Für ganz harte Fälle

Glaubersalzlösung

40 g Glaubersalz (Apotheke) in 750 ml lauwarmem Wasser auflösen und langsam trinken. Achtung! Jetzt sollte man das Haus nicht mehr verlassen.

Abführtee

30 g Fenchel und 60 g Sennesblätter mischen. Von dieser Mischung 1 El mit 1 Tasse siedendem Wasser übergießen, abgedeckt 10 Minuten ziehen lassen, abseihen und vor dem Zubettgehen trinken.

Der gute Rat

Auf ballaststoffreiche Ernährung achten. Obst, Gemüse und Vollkornprodukte enthalten viel davon. Aber bitte langsam den Genuss dieser Produkte steigern, sonst gibt es Blähungen.

W

Wadenkrämpfe

Meist überraschen sie einen in der Nacht. Der Sprung aus dem Bett ist akrobatischer Natur und der folgende Tanz sehenswert. Leider sind Krämpfe äußerst schmerzhaft, doch Oma wusste einzugreifen.

Sofortmaßnahme

Die Fußsohle liegend fest gegen das Bettende oder gegen die Wand drücken. Eine vergleichbare Wirkung hat es, den Fuß in eine hilfreiche Hand zu geben und die Zehen kräftig nach oben zu drücken.

Massage

Vom Fuß bis zum Knie mit kreisenden Massagebewegungen die Wade entspannen.

Ausstreichen

Nach einer besonderen Belastung der Beine die Muskeln von den Knöcheln zum Herzen hin mit den Händen unter leichtem Druck ausstreichen. So werden Stoffwechselrückstände schneller aus dem Gewebe transportiert. Ein warmes Vollbad (38 °C) unterstützt die Maßnahme.

Einreiben

Bei Neigung zu Krämpfen vor dem Schlafengehen die Waden mit Franzbranntwein einreiben oder alternativ eine Bürstenmassage machen. Dafür die Beine bis zu den Knien erst kalt, dann warm abbrausen und mit einer Bürste vom Fuß bis zum Knie in kreisenden Bewegungen massieren.

Der gute Rat

Wer zu Wadenkrämpfen neigt, sollte oft schwimmen, wandern oder Gymnastik machen.

Warzen

Kröten sind harmlos und werden zu Unrecht beschuldigt, wenn man eine Warze bekommt. Warzen können an allen Körperstellen auftauchen und sind in der Regel gutartige Hautgeschwüre auf Schmarotzerbasis, die durch einen Virus ausgelöst werden. Diese Viren leben auf der Haut unter einem schützenden Dach, nämlich der Warze. Um sie wieder loszuwerden, hatte Oma einige bewährte Mittel, deren Anwendung von Erfolg gekrönt war.

Grundsätzliches

Niemals an einer Warze schneiden oder zupfen. Sie verbreiten sich in Windeseile, und schon hat man sie an einer anderen Körperstelle.

Rizinusanwendung

Einige Tropfen Rizinusöl mit 1 Msp. Backpulver mischen und auf die Warze geben. Mit einem Pflaster abdecken. Die Prozedur mehrmals täglich wiederholen.

Nelkenöl

1 Tropfen reines Nelkenöl (Apotheke) wird leicht in die Warze einmassiert. Bei Warzen an der Hand den Vorgang nach jedem Händewaschen wiederholen.

Schöllkraut- oder Löwenzahnsaft

Die Warze mehrmals täglich mit Schöllkraut- oder Löwenzahnsaft (Apotheke) bestreichen. Bei Warzen an der Hand den Vorgang nach jedem Händewaschen wiederholen.

Zwiebeln

Eine Zwiebel in dünne Scheiben schneiden, auf die Warzen legen und mit einem Verband fixieren.

Vitamin-A-Salbe und Salizylsäure-Salbe

Beide Salben immer nur auf die Warze bringen, nie die umliegende Haut damit einreiben. Eine Warze unter der Fußsohle sollte am Abend behandelt werden, anschließend nicht mehr laufen. Warzen während der Behandlung durch warme Bäder erweichen und mit Bimsstein die weiche Haut entfernen. Danach wieder Salbe auftragen.

Der gute Rat

Warzen lieben es feucht und muffig. Darum täglich Socken und Schuhe wechseln. Nach dem Fußbad die Füße gründlich zwischen den Zehen trocknen. Die Füße mit einem Fußpuder trocken halten.

Wechseljahrsbeschwerden

Lästige Schweißausbrüche, Schlafstörungen, Depressionen, Migräne, Reizbarkeit und Hitzewallungen sind die Zustände, die einer Frau vor Augen schweben, wenn sie an die Wechseljahre denkt. Sicherlich wird bei einigen Frauen das ein oder andere unangenehme Symptom auftauchen, aber deswegen hört man nicht auf zu leben, denn die Beschwerden in der Menopause bekommt man schnell in den Griff. Tipps aus Omas Wissensschatz helfen dabei.

Hitzewallungen

Die einfachsten Maßnahmen gegen Hitzewellen sind frische Luft, ein Fächer und zweckmäßige Kleidung. Man sollte sich nach dem »Zwiebelprinzip« kleiden, so dass man im Bedarfsfall mehrere Kleiderschichten ablegen kann. Zusätzlich sollten Naturtextilien getragen werden, die besser in der Lage sind, Schweiß aufzunehmen.

Genussmittel

Alkohol, Kaffee, Tee und scharfe Gewürze sollten nur in Maßen genossen werden, da Frauen in den Wechseljahren darauf häufig empfindlicher reagieren. Wasser und Saft sind die Kühlung von innen und sollten reichlich genossen werden.

Entspannung

Ausgedehnte Spaziergänge, egal bei welchem Wetter, sorgen für einen freien Kopf. Regelmäßige Gymnastik unterstützt das Wohlbefinden und reguliert eine eventuelle Gewichtszunahme.

Gymnastik

Ein gezieltes Muskeltraining festigt die Anal-, Vaginal- und Blasenmuskulatur. Folgende Übung kann man überall machen: Auf einen Stuhl setzen, den Bauch einziehen, Blasen-, Vaginal- und Analmuskel stark anspannen und nach innen ziehen. Die Spannung für 30 Sekunden halten, loslassen und ausatmen. Man sollte sich angewöhnen, diese Übung mehrmals am Tag zu machen.

Die folgenden Kräuterteemischungen helfen bei allgemeinen Beschwerden. Je 1 gehäuften Tl der Mischung mit 1 Tasse siedendem Wasser übergießen, ziehen lassen, abseihen und warm trinken.

Melissentee

40 g Melisse, 20 g Baldrianwurzel, 20 g Frauenmantel und 20 g Thymian mischen. 1 gehäuften Tl der Mischung mit 1 Tasse siedendem Wasser übergießen, ziehen lassen, abseihen und dreimal täglich 1 Tasse warm trinken.

Malvenblütentee

20 g Malvenblüten, 20 g Baldrianwurzel, 20 g Ringelblumenblüten, 10 g Sandseggenwurzel, 20 g Sennesblätter, 10 g Stiefmütterchenkraut und 10 g Süßholzwurzel mischen. 1 gehäuften Tl der Mischung mit 1 Tasse siedendem Wasser übergießen, ziehen lassen, abseihen und am Nachmittag warm trinken.

Der gute Rat

Sich hin und wieder etwas Schönes gönnen. Blumen, ein Konzertbesuch oder noch besser die eigene Kreativität entdecken.

Z

Zahnschmerzen

Manchmal bekommt man über Nacht Zahnschmerzen, weil ein Weißheitszahn sich meldet oder eine Plombe herausgefallen ist. Wenn die Schmerzen nicht zu arg sind und man den Zahnarztbesuch bis zum nächsten Morgen herauszögern möchte, hier einige Tipps aus Omas Repertoire.

Tinkturen

Tinkturen eignen sich, wenn der Schmerz nicht lokalisiert werden kann. Arnika-, Calendula- oder Myrrhentinktur gibt es gebrauchsfertig in der Apotheke zu kaufen. Bei allen Tinkturen gibt man jeweils 1 Tl Tinktur auf 1 Glas warmes Wasser. Den Mund damit spülen. Die Prozedur stündlich wiederholen.

Myrrhentinktur

Ein kleines Wattebäuschchen mit der Tinktur tränken und an den Zahn halten. Wenn die Plombe fehlt, das getränkte Wattebäuschchen in das Zahnloch legen.

Nelken

Ebenfalls schmerzstillend wirken Nelken. Die Nelke in den Mund nehmen und daran lutschen oder wie das Wattebäuschchen in das Zahnloch legen.

Der gute Rat

Auf keinen Fall Alkohol zur Schmerzbekämpfung einsetzen. Denn Alkohol hebt die Wirkung der Betäubungsspritze auf. Und wer möchte schon eine Zahnbehandlung ohne Betäubung.

Zellulite oder Orangenhaut

Die meisten Frauen leiden unter Zellulite. Sie in den Griff zu bekommen versprechen diverse teure Cremes und Lotionen. Tatsache ist, wer sie hat, behält sie auch. Man kann natürlich einiges tun, damit es nicht schlimmer wird. Omas Tipps helfen dabei.

Gewicht

Bei schlanken Frauen ist Zellulite nicht so ausgeprägt wie bei rundlichen. Hier heißt es also Gewicht reduzieren. Aber das alleine genügt nicht, denn Sport gehört auch dazu. Wer auf sein Gewicht achtet und Sport treibt, wird sehen, dass sich die Orangenhaut bessert.

Mineralbad

Zur besonderen Pflege gehören Mineralbäder. In einer mit warmem (38 °C) Wasser gefüllten Badewanne werden 2 Tassen Meersalz aufgelöst. 2–3-mal wöchentlich 20 Minuten darin baden.

Mumientherapie mit Klarsichtfolie

Oberschenkel, Popo und Oberarme nach dem Mineralbad mit einer durchblutungsfördernden Creme einreiben. Anschließend so weit wie möglich straff mit Klarsichtfolie umwickeln. Einen warmen Frotteeanzug darüber ziehen und 30 Minuten ruhen.

Kräuterbad

Salbei-, Wacholder- oder Zypressenöl (Apotheke) ins warme (38 °C) Vollbad geben. Die Öle fördern die Durchblutung und helfen beim Schlackenabtransport im Gewebe.

Bürstenmassage

Nach dem Kräuterbad mit einer weichen Badebürste die abgetrocknete Haut am ganzen Körper in kreisenden Bewegungen massieren. Anschließend mit einer wärmenden Lotion einreiben.

Der gute Rat

Auf teure Cremes verzichten, dafür lieber baden, bürsten und Sport machen.

Register